weissbooks.w

Christina Eibl

Nicht alle Russen haben Goldzähne, sind immer betrunken, und auch nicht jeder russische Beamte ist korrupt

Ein Überlebensbericht aus dem Herzen Moskaus

weissbooks.w

Kleeblatt

Der Druck dieses Buches wurde ermöglicht durch die Unterstützung von ADECUADIS SARL, Luxembourg, und Artigi Torre.

In Russland funktioniert alles anders, man muss nur wissen, wie

Sie ziehen sich an wie wir, sehen aus wie wir, sie gehen shoppen, trinken Starbucks Coffee, tragen Escada und Nike, fahren Porsche Cayenne – auf den ersten Blick ist alles klar: Die Russen sind zivilisierte westliche Wesen. Wie wir.

Sind Sie mehr als zwei Tage in Moskau oder treffen Sie im Urlaub gelegentlich auf eine Ansammlung touristischer Russlandflüchtlinge, denn selbst der Russe hält es im eigenen Land nicht lange aus, werden Sie immer wieder von – abrupt auftretenden – kulturellen Hakenschlägen heimgesucht. Was Ihnen unlogisch oder gar mysteriös erscheinen mag, ist es nicht. Denn der Russe ist nicht unlogisch. Er verhält sich lediglich so, um zu überleben.

Die Russen verstehen, heißt: ihre Geschichte verstehen. Seit 1000 Jahren ist alles beim Alten: brutales Klima, Despotismus und Flucht in die Utopie. *Mir* nannten die Bauern die altrussische Dorfgemeinschaft. Heute ist *Mir* »die Welt«. Auch das *Kollektiv* hat überlebt. Schließlich *Druschba*, «Freundschaft«, ohne die noch heute, ein Jahrtausend nach ihrer Erfindung, kein Geschäft gemacht wird.

Lebt und arbeitet man in Russland, begegnet man einer Unmenge archaischer Cultural Codes. Bipolarität, Radikalität und ein Denken, das Religion vor Wissenschaft, Optimismus vor Planung setzt, sind allgegenwärtig. Unter einer dünnen Schicht moderner Zivilisation scheinen überall jahrhundertealte Versatzstücke durch. Russland ist ein konserviertes Land. Es ist verblüffend, wie präsent die Überlebensstrategien aus dem 10. Jahrhundert und wie erfolgreich asiatisch-mongolische Traditionen noch heute sind.

Russland funktioniert eben anders, man muss nur wissen, wie. Oder wissen Sie etwa, was *Wolja* ist? Warum der Russe selten *Njet* sagt? Kennen Sie die *Oblomowtschina*? Ist Ihnen klar, warum Sie der Steuer 70 Millionen Rubel zahlen sollen, wenn das Jahresergebnis Ihres Unternehmens bei 60 Millionen lag? Kennen Sie gar den *Mir*-Approach, ohne den Sie in Russland gnadenlos scheitern?

Dieses Buch beruht auf wahren Begebenheiten; Ähnlichkeiten oder Übereinstimmungen mit lebenden oder verstorbenen Personen sind rein zufällig und unbeabsichtigt.

Inhalt

Maschina rabotajet! – Flug nach Moskau

Wir pendeln über den Wolken. Ein dumpfer Schlag reißt mich aus dem Sitz. Ich blicke aus dem Fenster: Rauchwölkchen steigen über dem Flügel auf. Völlig unbeeindruckt angesichts der drohenden Katastrophe grinst mein Nachbar mich an: »*Nu, kak u was djela*?« – »Wie läufts bei Ihnen so?« Der Mann neben ihm und die komplette Sitzreihe sieben drehen sich aufmunternd zu mir um, warten auf meine Zustandsmeldung. Da! Die Maschine sackt durch. Pilze, Gurkenstückchen fliegen durch die Luft. Die Russen johlen und lachen. Wie auf einer Achterbahn rasen wir närrisch durch den Äther.

Endlich, die Stewardess. Eine hübsche, heftig geschminkte Wasserstoffblondine mit speckigen Oberarmen nähert sich auf erstaunlichen 12-Zentimeter-Absätzen. »Sagen Sie, dieses Knattern und Krachen, sehen Sie da! da! der Rauch! Ist mit der Technik alles in Ordnung?« Die Schöne sieht plötzlich aus wie Edison nach der Entdeckung der Glühlampe und strahlt mir ein stolzes: »*Maschina rabotajet!*« – »Die Maschine arbeitet doch!« – entgegen. Ihr Aeroflotaufnäher über dem Busen hängt an nur noch einem Faden. In den Reihen vor und hinter mir überlegenes Nicken. »Wohl noch nie geflogen, was?«

Dass dem russischen Volkscharakter ein trotziger Glaube an sein Riesenreich sowie ein unerschütterlicher Stolz auf die eigenen technischen Errungenschaften zu eigen ist, ob es sich dabei um atomgetriebene U-Boote, Kernreaktoren, die Kalaschnikow oder eben die Tupolew handelte, war mir nicht neu. Ich war schon einmal in Russland gewesen. 1993. Russland befand sich damals in einem dramatischen Umbruch. Das Riesenreich litt am Phantomschmerz, denn es hatte nach dem Zusammenbruch unter Michail Gorbatschow den schützenden Gürtel der 15 Republiken verloren und erlebte schließlich in jenen wirren Neunzigern unter Boris Jelzin den totalen Staatsbankrott. Das amputierte Zarenreich delirierte vor sich hin. Mit ein paar Rubeln in der Tasche und einem Fläschchen Wodka träumte der Durchschnittsrusse von der guten alten Zeit. Nun aber schrieb man das Jahr 2006 – und ich saß im Flugzeug nach Moskau. Nach sechs Jahren Putin musste doch ein Wandel Einzug gehalten haben, dachte ich. Ein Russland, das nun mit großen Schritten ins 21. Jahrhundert marschierte. Ausländische Investoren waren im Land, das Dauerhoch des Ölpreises hatte einen nie dagewesenen Reichtum beschert. Moskau, teuerste Stadt der Welt, glitzernder Moloch, Babel des Ostens. Internet und Satellitenfernsehen ermöglichten es seit langem jedem gebildeten Russen, sich mit jedweder Information zu versorgen. Das freie Reisen ins Ausland bescherte vor allem den Jungen einen neuen Blick auf die Welt.

Zugegeben, mein Flug an diesem Januarmorgen 2006 ließ mich, was wirkliche Veränderungen betraf, zweifeln. Die Reihen drei bis fünf waren innerhalb kürzester Zeit komplett betrunken. Sechs und sieben, noch bei Bewusstsein, hatten sich im Gang zum lustigen Kollektiv zusammengefunden. *Griby,* eingemachte Pilze, wurden gereicht, dazu Kohl und *Borodinskij*, das herrlich schmeckende süße Brot. Auch alle anderen Passagiere hatten reichlich Proviant geladen. Schließlich war die Versorgung an Bord für einen Russen nicht nennenswert. Und keinesfalls gesichert. *Besser man hat seine eigenen Äpfel dabei.*

Die Maschine brachte volle Leistung, im Innenraum herrschte ohrenbetäubender Lärm. Die Turbinen ratterten und schepperten. Gelegentlich aufsteigender Rauch schien die Urkraft russischer Wertarbeit nur zu bestätigen. Das Vertrauen in die eigene Kulturleistung lässt den Neurussen dann auch während eines Flugs ausdauernd mit den Daheimgebliebenen telefonieren. Man lebt nicht, man überlebt. Von einem Tag auf den anderen. Ganz in Gottes Hand.

Ich ließ mich nicht beirren. Sah stattdessen voller Freude meiner Aufgabe als neue Ländergeschäftsführerin Russland für ein deutsches Verlagshaus entgegen. Freute mich auf die russische Mannschaft und auf meinen Fahrer Jurij, der am Flughafen in Moskau auf mich wartete. Nach dem dritten *Wodotschki* – Wodka'chen –, den mein Sitznachbar aus Reihe sieben in Wassergläsern ausschenkte, träumte auch ich endlich vom russischen Winter, dem russischen Herz und der Tiefe russischer Freundschaft.

Sa Druschbu! – Auf die Korruption!

Die russische Freundschaft stand in Form eines Koffers im Fahrstuhl. Igor Wasiljewitsch war auf dem Weg, mir seine Aufwartung zu machen. Schließlich hatte Igor eine neue Freundin, und die hatte Ansprüche. Sie wollte Karriere machen. Da sie früher im horizontalen Gewerbe tätig war, lag es nahe, nun Filmstar zu werden. Igor öffnete den Koffer und zeigte mir, was ihm die Freundschaft zu einem Verlag wert war.

Es handelte sich hier um die traditionelle Anbahnung einer Geschäftsbeziehung. Schließlich sind Risiken im russischen Geschäftsleben schwer einzuschätzen. Da hilft nur Druschba. *Druschba* heißt »Freundschaft« und kommt ursprünglich von *druschit,* »jemandem einen Gefallen erweisen«. Da das russische Leben keine vertrauenswürdigen Institutionen und keine Rechtsstaatlichkeit kennt, hilft sich der Russe also selbst. Es werden Netze persönlicher Beziehungen geknüpft und wahlweise mit Macht ausgestattet. Dieses System der *Druschina* (und der *Kormlenie,* »Fütterung«), erstmals erprobt vor rund 1000 Jahren, existiert im 21. Jahrhundert fröhlich weiter. Iwan der Schreckliche und Josef Stalin sind die historisch prominentesten Beispiele für den beständigen Versuch, einzelne einflussreiche Cliquen durch Umarmung oder durch Terror in Schach zu halten. Die Machthaber jüngerer Zeit, wie Wladimir Putin und Dmitrij Medwedjew, halten es nur begrenzt anders. Noch heute ist ein Präsidentenwechsel in Russland eine heikle Angelegenheit für alle Beteiligten: den neuen Präsidenten, den scheidenden und deren jeweilige Cliquen, die zu versorgen sind. So ließ sich Boris Jelzin 1999 vor der Zepterübergabe von seinem Nachfolger lebenslange Straffreiheit zusichern. Und sicher wurden seine Clanmitglieder ebenso unter Schutz gestellt. Intransparenz ist dabei die erste Pflicht. Niemand weiß genau, welche Intrigen sich hinter den Kreml-Mauern abspielen. Und auf die lukrativen Posten kommt nur, sagen die Moskauer, wer »Dreck am Stecken hat«. Eine der Spielregeln im *Druschina*-System: Man muss erpressbar sein!

So offerierte mir Igor an einem verregneten Märztag in meinem Moskauer Büro ein freundliches Angebot – eine wohlgemeinte, warmherzige Einladung an den Neuling, am russischen Geschäftsleben teilzunehmen. Greifen Sie zu! Spielen Sie mit! Die Regeln bestimmt der Inländer. Klar! Erpressung war schon das Prinzip des sozialen Systems der Länder der Kiewer Rus, eben jener Keimzelle des späteren russischen Imperiums. Abgehoben vom Rest der Untertanen bildete im 10. Jahrhundert das Gefolge (*Druschina*) der Fürsten eine privilegierte, gut bewaffnete Alphaschicht. Sie war keine feudale Kaste etwa wie in Europa, die aufgrund ihres Landbesitzes zu Einfluss gelangt war und daraus Ansprüche geltend machte; das soziale Zusammenleben beruhte schlicht auf der Erpressung von Abgaben. Das Recht dazu verlieh der machthabende Fürst seinen *Bojaren*, denjenigen Männern, die sich im Abwehrkampf gegen ständige Feindesattacken an den Grenzen des Reiches als vertrauenswürdig und nützlich erwiesen hatten. In realiter hieß das: Ein Teil der Abgaben gehörte den Fürsten, der Rest den *Bojaren*.

So ähnlich hatte sich das auch Igor gedacht. Würde ich mich der Freundschaft würdig erweisen und Igors Freundin also das Titelblatt unserer Stars- und Sternchen-Publikation »Chérie« zieren, könne man danach tiefergehende Beziehungen erwägen, die mein Schaden nicht sein sollten. Schließlich stand Igor dem Moskauer Polizeipräsidenten sehr nahe, unterhielt freundschaftliche, quasi familiäre Beziehungen zu verschiedenen Ministerien und war Besitzer einer stattlichen Anzahl von Distributionsketten, welche die Kioske und Supermärkte im ganzen Land mit Magazinen und Zeitungen belieferten. »Das Leben hält eine Menge Unwägbarkeiten bereit«, erklärte Igor. »Warum tun wir uns nicht zusammen und suchen ein wenig gegenseitigen Schutz?«

Das System in Putins Russland ist dem vor 1000 Jahren nicht unähnlich. Seine Gefährten aus der St. Petersburger Zeit, als er am eigenen Aufstieg arbeitete, sitzen heute an den Schalthebeln der Macht. Die moderne *Druschina:* German Gref, Chef der Sberbank, Dmitrij Medwedjew, lange Zeit Vorsitzender von Gazprom, nun selbst Präsident der Russischen Föderation, Sergej Iwanow, ehemaliger Geheimdienst-Chef und Verteidigungsminister, Alexej Kudrin, Finanzminister, oder Igor Setschin, KGB-Veteran und heute auf verschiedenen Posten zuständig für die zentralisierte Energieindustrie. In zweiter Reihe die Reste der verbliebenen Oligarchen: Alischer Usmanow, Wladimir Potanin, Roman Abramowitsch, Oleg Deripaska, Wiktor Wechselberg und andere. Die Freunde liefern ihren Tribut »bei Hofe« ab, wie etwa Wechselberg, der Fabergé-Eier im Wert von rund

130 Millionen Euro aus dem Ausland zurückkaufte und dem Kreml zu Füßen legte. Oder Abramowitsch, der auf einen Fingerzeig des Patriarchen hin die unrühmliche Aufgabe übernahm, als Gouverneur die weit entfernte Halbinsel Tschukotka zu verwalten – und als Zeichen seiner tiefen Ergebenheit flugs seine Ölgesellschaft Sibneft dem russischen Volke zurückgab. Dafür darf er in London bleiben. Das sind klassische Clanstrukturen. Ist Freundschaft im mongolischen Stil. Macht wird aufgrund verbreiteter Inkompetenz und Misstrauen nicht delegiert. Stattdessen werden Gefolgsleute, die sich loyal verhalten, geduldet und versorgt. So ist das 2008 verabschiedete Gesetz zum Schutz strategischer Sektoren, gedacht als Instrument der Renationalisierung wichtiger Industriezweige, von politischen Kommentatoren als *Silowiki*-Pensionistenplan bezeichnet worden. Übersetzt heißt das: Die *Silowiki*, wie die Vertreter von Armee und Geheimdienst (*Silowik*, »Macht«) genannt werden, erhalten für ihre Linientreue entsprechende Kompensation.

Nun werden Sie denken: alter Hut! Das gibt es bei uns auch: Klientelpolitik. D'accord. Allerdings kommt in Russland nun Regel Nummer zwei ins Spiel: Wer sich nicht unterwirft, wird gnadenlos verfolgt. Michail Chodorkowskij und Boris Beresowskij sind dafür beredte Beispiele. Die *Bojaren* der Neuzeit tragen Anzüge, ansonsten ist alles beim Alten. »Wer den Staat schützt, darf sich etwas nehmen« heißt es. Und wer frech wird, kriegt eins aufs Dach. Bekannt geworden ist bei uns eine Szene im Kreml, in der Putin zeigte, wo der Hammer hängt. Der Präsident hatte anlässlich seines Kampfes gegen die Korruption 2003 die Wirtschaftsführer des Landes versammelt, um sie mit seinem Schlachtplan bekanntzumachen. Skurril war nur, dass hier eine Menge Leute beieinander saßen, die allesamt heftig befreundet waren und kräftig von der *Druschba* profitiert hatten. Nun gut, man war sich einig, dass das ein Ende haben müsse. Sogleich preschte Chodorkowskij vor und merkte listig an, dass einer seiner Konkurrenten bei der Übernahme einer Ölfirma doch wohl wesentliche Vorteile genossen habe, die er, Chodorkowskij, nicht entsprechend gehabt habe. Man könne nun in medias res gehen und die dafür verantwortlichen Beamten entlassen. Den frechen Widerspruch konterte Putin souverän mit dem Hinweis, dass in Chodorkowskijs Ölfirma Jukos Probleme mit der Steuer aufgetaucht seien. Wenig später wurde der Oligarch inhaftiert. Er sitzt noch immer. Im fernen Sibirien – ganz wie zu Zarenzeiten.

Meine bescheidenen Angelegenheiten verliefen glimpflicher. Igor war nicht der Präsident und ich kein Oligarch, und mit so glücklichen Voraussetzungen für den Beginn unserer Freundschaft gelang es mir, Igors Interesse zunächst auf einen Nebenschauplatz zu lenken. Die Gelegenheit, in ein lukratives Geschäft in Deutschland investieren zu können, band seine Kräfte andernorts. Währenddessen konnten wir abwarten, wie sich seine Beziehung im heimischen Moskau entwickelte. Im Verlauf des Sommers stellte sich unglücklicherweise eine massive Vertiefung der Liebesbande zum angehenden Leinwandstar heraus – und der Drang, an die Öffentlichkeit zu treten, ließ nicht nach; schließlich erreichte er im frühen September seinen Höhepunkt. Dann, wenn die Moskauer nach dem heißen August in ihre Stadt zurückkehren und das Leben wieder erwacht. Nach langwierigem Hin und Her konnten wir die Dame wenigstens an ein höher auflagiges Blatt der Konkurrenz vermitteln. Bei dieser Aktion waren vier unserer weiblichen Mitarbeiter im mehrwöchigen Einsatz, viele gute Lokale wurden aufgesucht. Was soll ich dazu sagen? Unsere Freundschaft gewann an Tiefe.

Derlei geht nicht immer so aalglatt ab. Wer sich nämlich als schlechter Freund erweist, wird erschossen, bekommt Besuch von der Steuer oder verlässt besser bei Nacht und Nebel das Land.

Die *Druschba* hat ganz Russland fest im Griff. Auf der Korruptionliste von Transparency International aus dem Jahr 2008 belegte das Land einen der letzten Plätze – noch hinter Tonga, Libyen und Nigeria. Das moderne Raubrittertum zeigt sich in Form von Steuern, Strafen, Gebühren und anderen Freundschaftsdiensten. *Druschba* ist so etwas wie die Schattenwährung. Sie tritt auf in Form schwarzer Kassen, aus denen schwarze Gehälter bedient werden. »Wie zahlen Sie?«, heißt die wichtigste Frage eines jeden Kandidaten im Bewerbungsgespräch. Zahlen Sie gänzlich weiß, hält der Durchschnittsrusse Sie für einen Vollidioten. Daher sollten Sie in jedem Falle einige Extrabonbons wie Boni, Upgrade der Krankenversicherung oder einen schicken Dienstwagen bereithalten; sie helfen, Ihr Gegenüber zu überzeugen, dass es doch Sinn macht, Ihr Freund zu sein. Andernfalls brauchen Sie keine Personalabteilung mehr. Schwarzgeld hingegen ist der Ausdruck ganz besonders herzlicher Freundschaft. Das Hantieren mit Schwarzgeld zeichnet Sie als gewieften Geschäftsmann aus. Ein Mann – oder eine Frau – mit Ansehen und Erfolg.

Wsjatka (»Nehmen«) gehört zum guten Ton. Sie zahlen immer, um überhaupt je zu einem Ergebnis zu kommen. Ob das Resultat am Ende weiterhilft oder gar rechtlich Bestand hat, sei dahingestellt. Als Student beim Abschluss-Examen, beim Notar oder im Krankenhaus: Geschenke sind grundsätzlich angeraten. In Business-Kreisen tut es bei den Damen eine Hermès-Tasche, für die Sie in Moskau etwa 7 000 Euro löhnen, gelegentlich darf es auch ein Cartier-Zeitmesser sein, rund 10 000 Euro. Den Herren empfiehlt sich ein Schreibinstrument mit Steinen oder etwas von Jaeger Le Coultre. Niemand würde auch staunen, wenn Sie mit einem Zobel anrückten.

Erwarten Sie nur keinesfalls, dass daraus eine Gegenleistung abzuleiten wäre. Dafür müssten Sie drauflegen. Kleine Geschenke erhalten lediglich die Freundschaft. Für die Entwicklung tieferer Beziehungen braucht es im russischen Raum größere Dimensionen.

Straf – auch das ist ein weites Feld. Strafe müssen Sie pausenlos zahlen, vor allem für Dinge, die Sie nicht verbrochen haben. Sie passieren beispielsweise mit Ihrem Fahrer ein *Pribylnoe Mesto*, ein ertragreiches Örtchen, an dem die Verkehrspolizei ihr Monatsgehalt aufbessert. Sich einem Freundschaftsangebot der Polizei zu widersetzen, wäre dumm. Oder wollten Sie die nächsten zwei Wochen auf dem Amt verbringen?

Straf ist die Königswaffe der Behörden. Wenn die sich ihrer Freundschaft zum Kreml versichern müssen, schaut man gelegentlich auch bei Ihnen vorbei. Die Vorgehensweise ist simpel. Anruf genügt. *Straf* wird gerne auch von Mitarbeitern genutzt, um Zeitdruck aufzubauen. Ja, auch Ihre Mitarbeiter haben Freunde. Ihre Sekretärin, mit dem westlichen Arbeitsregime noch nicht ganz vertraut und daher jeden Morgen in Angst und Schrecken, legt Ihnen stündlich Opfergaben wie Äpfel, Orangen, kleine Schokoladen zwischen die Akten und krächzt mit tränenerstickter Stimme, wenn Sie nicht gleich und sofort hier unterschreiben, ohne zu lesen und nachzufragen, warum und wieso, dann: *Budjet Straf!* – »Strafe wird kommen«. Sie werden, nachdem Sie das Dokument zügig gelesen, geprüft und unterschrieben haben, später feststellen, dass es nach Ihrer Freigabe noch ganze zwei Wochen im Postausgangskorb lag. Seien Sie also gnädig und zeigen Sie Verständnis für den *Druschba*-Druck, der gelegentlich auch Ihr Vorzimmer ereilt. Ihre Sekretärin ist nur das Ende einer Kette freundschaftlicher Beziehungen. Denn im Dickicht komplexer russischer Freundschaftsbeziehungen verfehlt nicht selten die Vertiefung der Beziehung ihren eigentlichen Adressaten, entwickelt ein monströses Eigenleben oder geht gelegentlich ins Nirwana. Da weiß oft selbst der Inländer nicht mehr, mit wem er eigentlich befreundet sein wollte – und warum. Und so webt ganz Russland beständig an seinem ganz persönlichen Überlebensnetz (*Swjasi*). Es wimmelt nur so vor Freunden im Land der Zaren.

Bevor Sie nun vorschnell urteilen: Es handelt sich hier um kulturelle Besonderheiten, und die wollen eingeordnet werden. Nicht als Erpressung oder Korruption im westlichen Verständnis, sondern als eine russische Form des »Gebens und Nehmens« – so ist die *Kormlenie* des 10. Jahrhunderts von Anthropologen beschrieben worden. Und so versteht der Durchschnittsrusse das auch. Durch großzügige Geschenke zieht man die nächst höhere Hierarchie prophylaktisch in ein Netzwerk von Abhängigkeiten und schafft sich so ein schützendes Dach (*Kryscha)*, unter dem es sich gut wirtschaften lässt. Diese reichlich archaische Form des Wirtschaftens misstraut nicht nur den Institutionen, sondern auch den Beteiligten selbst. Schon Nikolaj Gogol hat 1842 im »Revisor« dieses System als ein Intrigantennest von Speichelleckern mit all seinen ins Komödienhafte reichenden Auswüchsen beschrieben. Nichts Neues also im Russenland.

Ohne Freunde machen Sie kein Geschäft. Deshalb enthält jeder Trinkspruch ein Hoch auf die *Druschba*: *Sa Druschbu* – auf die Korruption!

Jurij

Wir waren schon eine ganze Weile unterwegs. In Richtung Jaroslawl.

»Jurij, halt da drüben mal an. Wir wollen eine Kleinigkeit essen.«

»Sind Sie sicher?«

»Wir haben noch zwei Stunden Fahrt vor uns.«

Ich bestellte zwei große Piroggen mit Fleischfüllung und einen Kaffee. Jurij beschränkte sich auf zwei Becher Apfelsaft. Die Zeit des Wartens vertrieben wir uns mit einer Partie Schach. Wie viele Russen war Jurij ein ausgezeichneter Spieler. Er hatte im Wagen immer sein kleines Brett dabei.

Wir hatten kaum die Eröffnung absolviert, da wurden schon die Speisen und der Saft gebracht. Auf hübschen kleinen Tellern lachten mich die saftigen Piroggen an. Auch ein wenig Krautsalat war dabei.

»Was ist?«, schmunzelte Jurij wissend.

»Schmeckt wie Hund«, schüttelte ich mich.

»Das ist Hund.«

Bumagotwortschestwo – Papierschöpfung

Die örtliche Steuerbehörde ruft an. Mit der Steuer für das abgelaufene Geschäftsjahr sei etwas nicht in Ordnung, wird Natalja, meiner Finanzdirektorin, mitgeteilt. Man solle nachzahlen. Schließlich müsse man auch leben. Man wisse ja, was geschieht, wenn man nicht zahlt. »Dann kommt die Steuer nochmal vorbei, findet Unregelmäßigkeiten und legt die Firma drei Wochen lahm«, grinst Natalja. Ich war erstaunt, wusste ich doch, dass wir die Steuer korrekt abgeführt hatten. In den Monaten davor hatte es nervenaufreibende Diskussionen gegeben, ich solle in Kenntnis der kulturellen Gegebenheiten ein wenig kreative Buchhaltung walten lassen, um einen deutlich höheren positiven Ertrag ausweisen zu können, und so die freundschaftlichen Beziehungen zum Bezirksinspektor nicht unnötig gefährden – worauf ich mich nicht eingelassen hatte. Und prompt exekutierte die Staatsmacht nun das ihr eigene Recht. »Wenn man keinen Goldrausch im Jahresergebnis ausweisen kann, glaubt einem keine Behörde. So dilettantisch kann man gar nicht sein, in Russland keinen Reibach zu machen«, schiebt Natalja mit klugem Eulenblick nach und erklärt mir genervt, bereits vor Monaten darauf hingewiesen zu haben, dass ein europäischer Ansatz hier nicht wirklich helfen würde. Ein russischer aber auch nicht, schoss es mir in den Kopf. Schließlich musste ich eine Brücke schlagen zwischen der Annahme »kultureller Eigenheiten« und dem Reporting an die Mutterfirma in der Heimat. Ich beschloss endlich, mich dem kulturellen Druck zu beugen, und fragte Natalja, wieviel man denn nun zu zahlen hätte. Die brummte ein langgezogenes *Posmotrim*, was soviel heißt wie: »Mal sehen.«

Das Erspüren der neuzeitlichen Abgabe wird auf der örtlichen Steuerbehörde vorgenommen. Nach zirkusreifem Trippeln durch den letzten Schnee und wässrige Pfützen erscheint vor Natalja und mir ein gewaltiges steinernes Gebäude. Vorrevolutionärer Bau. Endlich der Eingang, *Podjesd* 4, vor dem die Späher das Rein und das Raus kontrollieren. Eine kleine Hübsche mit Rehbeinen und dem Dekolleté einer Wilderin schreibt auf. Sie quetschen dein Leben zwischen Bleistiftlinien, denke ich. »*Pasport!, Kuda?*« – »Wohin?«, tönt es durch die Scheibe, die uns trennt. Der Wegbefehl wird wortlos auf einem Wisch Papier durchgereicht: Zimmer 256, dritter Stock. Wir irren planlos durch Gänge mit geschlossenen Türen, vorbei an staubigen Altweibersträußen und vergilbten Heizkörpern. Ein alter Mann fingert verzweifelt nach seinen Papieren. Endlich, beherzt treten wir ein. Natalja und ich werden ins Gebet genommen. Frauenmesse. Es ist recht lustig. Tee gibt es und Butterbrote. Eine Motte hat es hereingeschafft aus der nassen Kälte, fliegt sinnlos im Raum herum. Uns gegenüber sitzen drei großbrüstige Frauen in geblümten Polyesterkleidern, alle drei mit kupfernem Haar und üppig aufgetragenem roten Lippenstift. Goldzähne blitzen auf, eine trägt Damenbart. Vor dem Trio ragen papierene

Schicksalstürme anderer Deliquenten empor. Viel farbige Sowjetunion wimmelt an den Wänden. Können diese Frauen Böses wollen?, fragen mich Nataljas Augen schelmisch.

Das nette Kränzchen in der stickigen Kammer wird jäh unterbrochen. Auftritt der *Natschalnitza*, der Büroleiterin. Vorbeigequetscht an der Polyestervorhut, die nun schweigt, sinkt die kleine Drahtige auf einen schwarzen Andropow-Plastik-Chefsessel. Die Motte hängt inzwischen an einer ausgerissenen Baumwollfaser fest. Wir pendeln, ob des Urteils. Granatapfelfarbige 100-Dollar-Fingernägel mit kleinen Strasssteinchen drauf gleiten souverän durch irgendwelches Papier. Schöne blaue Augen, umrahmt von viel Blond, streifen uns ab und zu. Die Motte glotzt durch das vergitterte Fenster, hinaus in die Freiheit. Wir auch. Dann aber geht es ganz fix. »Wie ich sehe, brauchen wir eine revidierte Steuererklärung.« Wir, die Sünder, nicken. »Nun gut«, erlöst sie uns, das Papier sanft streichelnd, »wir werden hier und da noch ein bisschen nachbessern.« »Brot und Zucker, Brot und Zucker«, sekundiert stumm die Polyestervorhut im Chor. Die aufregende Blonde erteilt uns die Absolution und gibt uns abschließend einen Rat mit auf den Weg: »Jetzt wissen Sie ja, wie es läuft, dann wird es das nächste Mal besser klappen. *Do Swidanija.*«

Verschanzt hinter gewaltigen Papierbergen sitzt seit Peter dem Großen das Beamtenheer. Die *Tschinowniki,* benannt nach der Rangtabelle des Zaren (*Tschin*, »Rang«) nahmen einen bedeutenden Platz in der Hierarchie des autokratischen Staates ein. Und da sitzen sie noch immer. Nur in mehr als doppelter Anzahl. Ihr Rang in der »Ikonostase des Staates« – so Kerstin Holm – rührt vom Zentralismus her, der notwendig schien, um ausreichend Tribut einsammeln zu können. So erhielten die Diener des Staates einen geradezu gottgleichen Status. Da wundert es kaum, dass im Bewusstsein dieser Stellung sich der schlecht bezahlte Normalbeamte die Meinung zu eigen machte, man könne vom Tribut auch ein wenig abzweigen für eigene Zwecke. »Was wir schützen, gehört uns« – so hieß und heißt die Losung. Dieses erprobte Prinzip, Loyalität gegen Versorgung, gilt neuzeitlich für die Oligarchen ebenso wie für die Beamten. In Putins System wird bei auffälligem Verhalten der Staatsdiener weggeschaut. Erregt jedoch Missfallen das Herz des Patriarchen, kommt das *Kompromat* (»Kompromittieren«) als Druckmittel zum Einsatz. Denn man hat weggeschaut, aber aufgeschrieben! Über nahezu jeden bedeutenden Wirtschaftsführer Russlands wie auch über jeden ranghöheren Beamten dürften umfangreiche Dossiers bestehen, die bei Bedarf ans Tageslicht gelangen. Denken Sie an Michail Chodorkowskij und Boris Beresowskij.

Natalja hastet in mein Büro, noch in Mantel und mit der *Schapka* auf dem Kopf. »Wir haben einen Brief von der Zentralbank.« – »Gar nicht gut, gar nicht gut«, wiegt sie ihren Kopf wie eine lebendig gewordene Matrjoschka und untersucht den Brief. *Nada podumat*, »da muss man nachdenken«, murmelt sie. »Was willst du nachdenken?«, störe ich ihre Inspektion. »Bei uns ist alles korrekt!« – »Das kann schon sein«, grinst Natalja herüber, »aber darum geht es nicht. Die brauchen Geld«. – »Ja, haben die anderen Ausländer auch diesen Brief?«, frage ich und bekomme ein freudestrahlendes: «Na klar. Das sind doch die einzigen, die zahlen. Die Russen machen vorher die Firma zu.«

Der Brief der Zentralbank teilt mit, dass eine Prüfung unseres Unternehmens ergeben habe, dass in der Vergangenheit nicht alle Geschäftsvorgänge korrekt dokumentiert worden seien. Eine solche Anfrage ist keine Seltenheit im russischen Geschäftsalltag, ja fast schon ein Klassiker. Lästig ist dabei nicht der Umstand der Prüfung an sich, sondern viel mehr die landestypische Finesse, die Erfüllung des Vorhabens zum Scheitern zu bringen, um dann zu einer ordentlichen »Fütterung« zu gelangen. Denn üblicherweise fragt die Behörde mit eingehendem Schreiben das Unmögliche an. »Nachweis aller Umsätze der letzten sechs Jahre. Die Kopien sind in zwei Tagen in doppelter Ausführung einzureichen.« Sonst: »*Straf!*«, hatte man Natalja übermittelt. Das wären etwa zwischen 35 000 und 40 000 Seiten. In zwei Tagen! Regen Sie sich nicht auf. Lassen Sie die Inländer agieren. Versuchen Sie nicht, die Russen auf ihrem eigenen Gebiet zu schlagen. Es wird Ihnen nicht gelingen.

Inzwischen ist Galina, die Sekretärin, hereingesegelt, um Brote, Tee und Zuckerstücke zu bringen. Wenn Natalja denkt, braucht es Nervennahrung. Dankbar hebt sie ihren Kopf, fixiert kurz die Gaben und greift beherzt zum gelben Käsebrot. Galina schwebt wieder hinaus, schließt leise die Tür, denn auch sie weiß, jetzt brauchen wir einen Gedanken. Draußen dämmert es bedenklich, es windet stark, hin und wieder zerschellt ein Regentropfen am geöffneten Fenster. Der Preis für ein wenig Zugluft sind vorbeiwabernde Abgase und Dauerbrummen vom stehenden Blech. *Probka*, »Stau«, passend zur Nachricht der Bank. Kein Wunder, dass der Russe depressiv ist, denke ich und starre raus ins Dauergrau; ich frage mich, ob die hohe Sterblichkeit russischer Männer wirklich am Feinstaub liegt.

Jest Idea! »Ich habe eine Idee.« Natalja reißt mich aus meinen Nichtigkeiten! Erst einmal telefonieren wir mit unseren Freunden in der Bank und hören, ob dieser Brief wirklich ernst gemeint ist, schlägt sie vor. Dann schicken wir einen Schub von Dokumenten und sehen weiter. In mir erwacht ob dieser russischen *Spokojno*-Variante (»ganz ruhig ranpirschen«) ein gerüttelt Maß an teutonischem Widerstand: »Scheiß-Zentralbank. Wir haben uns nichts vorzuwerfen. Wir kämpfen!« Der Nachmittag taucht Nataljas rosa Van-Laack-Bluse in ein fahles Licht, erschöpft vom vielen Nachdenken sieht sie in der Dämmerung inzwischen aus wie ein demoralisierter russischer Doppeladler. Der westliche Kopf scheint zu sagen: Hast ja recht. Der östliche Kopf weiß, das hat keinen Sinn. Sie ist doch keine Matrjoschka, denke ich.

Am nächsten Tag gelingt uns ein Gespräch von Angesicht zu Angesicht. Wir und ein Freund aus dem Ministerium sitzen in der »Cantinetta Antinori«, einem der feinen Italiener der Stadt, vor der Suppe. Gedämpfte Gesprächsfetzen und das leise Klirren der Goldarmbänder internationaler Schönheiten dringen zu uns herüber. Während wir die fette Brühe löffeln, wippt mein russischer Doppeladler mit dem Bein und beginnt, die bisher ausgezeichnete Zusammenarbeit zu beschwören. Würde sie stehen, machte sie Bücklinge, denke ich. Doch dann öffnet sie Zug um Zug ihre Schwingen. Weibliches sickert ein – über den Tisch hinüber zum Fremden. Sie scherzt und droht zugleich, vergiftet ihn mit ihrer getarnten Erotik, lobt seinen Einfluss, während er auf einen Knochen beißt. Das Dessert ist süß und beruhigend, dann taumelt der Beamte hinaus auf die Straße. In der Hand hat er die ersten 100 Kopien.

Natalja macht wenig später termingerecht eine Eingabe, da wir tatsächlich nachweisen konnten, dass sämtliche Unterlagen der Zentralbank bereits zur Verfügung gestellt wurden und rein gar nichts zu beanstanden ist. Dennoch: Pochen Sie jetzt nicht auf Ihr Recht. Es handelt sich hier lediglich um die Neutralisierung des Vorwurfs. Um sich nicht der Gefahr der Missachtung von Behördenwillkür auszusetzen, schicken Sie nach drei unmenschlichen Arbeitstagen gut 1000 von 40 000 verlangten Kopien. Dass sich nach dem ganzen Aufriss behördlicherseits keiner mehr bei Ihnen meldet, daran gewöhnen Sie sich.

In Russland herrscht es also noch immer – das Gesetz der Papierflut. Schon Wladimir Majakowskij, posthum Stalins Lieblingsdichter, hat ein Gedicht zu diesem Thema verfasst. Es trägt den Titel: Papieralptraum. Übermächtige Papiersintfluten schwemmen die Menschen hinweg. Räumen ab, was ihnen im Weg steht. Allgewalt aus dem Tintenfass. Die Leistungsbewertung der Beamten hat die Menge (pro Blatt) von verbrauchtem Papier zum Maßstab. Das gilt auch vor Gericht. Gemessen wird in Stapeln. Man sagt sprichwörtlich, dass derjenige, der mehr Papier beim Richter einreicht, bessere Siegchancen hat. Schlussendlich wird jedoch auch dies durch eine »Fütterung« entschieden. Denn das Papier dient nicht der besseren Kontrolle von Prozessen, es ist der Auftakt zur Bereicherung. So ist es nicht selten, dass Sie auch von der Feuerinspektion nach Prüfung Ihres Unternehmens einen Auflagenkatalog erhalten, der rund 1000 Seiten stark ist und den Sie innerhalb einer Woche abarbeiten sollen. Dann nämlich besucht Sie die Kommission erneut, um die erfolgreiche

Etablierung Ihrer Maßnahmen zu begutachten. Nun liegt es ganz bei Ihnen, wie Sie das Versäumnis beheben.

Die Papierschwemme kann auch Ausdruck des grollenden Kremls sein. Erinnern Sie sich an den Fall Chodorkowskij, dessen jüngste Anklageschrift ebenfalls rund 1000 Seiten betrug? Der Oligarch sollte innerhalb von zwei Tagen dazu Stellung nehmen.

Die Raubtiere der Beamtenschaft sind nahezu allmächtig; sie fungieren als Verbindung zwischen dem tributhungrigen Kreml und dem Volk. Sie sind marktwirtschaftlich tätig, führen den Groll oder die Gutmütigkeit des Kremls aus: Firmengründungen, Lizenzen, Anklageschriften, Zeugenaussagen, Urteile – alles geht durch die Schleuse des Papiermonsters. Wenn Sie einen Gegner haben, wird er daher im ersten Schritt versuchen, Sie in die Maschinerie der Bürokratie zu ziehen. Das kann die Steuer sein, die Ausländerbehörde, die Arbeitsinspektion oder das Umweltreferat. Von nun an hängen Sie im Dauerloop des russischen Behördendschungels. Der legt Ihre Firma lahm und kostet.

Das Papier hat quasi religiösen Status. Kommt eines dieser Schätze in Umlauf, wird akribisch geprüft: Wo sitzt die Unterschrift? Oben rechts, unten links? Wer hat in welcher Reihenfolge unterschrieben? Welche Stempel befinden sich auf dem Dokument? Sind eventuell Rechtschreibfehler auszumachen oder wurde schlampig geschrieben, ein Tintenklecks etwa? Stammt die Unterschrift ein und derselben Person einmal von einem Kugelschreiber und einmal von einem Füller? All das kann dazu beitragen, den sakralen Status des Schriftstücks an sich für ungültig zu erklären und Ihnen das Leben schwerer zu machen.

Die *Bumagotwortschestwo*, die Papierschöpfung, erfordert jahrelanges Training. Für die Pflicht gibt es Unmengen von Literatur, in der dargelegt ist, wo etwas zu stehen hat. Die Kür ist einzig und allein der russische Alltag selbst. Eine einfache Abmahnung eines Mitarbeiters wegen Fehlverhaltens ist durchaus diffizil. Um überhaupt den Hauch einer Chance vor einem russischen Arbeitsgericht zu haben, müssen Sie in die besagte Stapelproduktion einsteigen. Das heißt, Sie haben dem Mitarbeiter Fehlverstöße in papierenen Zentimetern nachzuweisen, und dies ist verfahrenstechnisch nur dann korrekt, wenn zwei Zeugen Ihrer Firma für jedes Schriftstück erst einmal den Mitarbeiter sprichwörtlich einfangen. Denn der muss zu jedweder Verfehlung auf einem Ihrer Anschuldigungsschreiben handschriftlich Stellung nehmen. Ist es Ihnen also gelungen, den Mann dingfest zu machen, schreibt er, dass er gerade einen Ohnmachtsanfall hat, ergo nicht im Vollbesitz seiner geistigen Kräfte ist. Das Schriftstück ist nach mehrstündigem Ringen nicht selten mit Butterbrotflecken übersäht, zerknüllt oder zeigt deutliche Spuren handfester Auseinandersetzungen. Meist allerdings flüchtet der Beschuldigte, sobald Ihre Papierzeugen im Anmarsch sind. Als die beliebtesten Helfershelfer der Hierarchie in puncto Mitarbeiterfang werden der Finanzdirektor und der Hauptbuchhalter vom Arbeitskollektiv gerne verpfiffen. Das ganze ist ein Katz-und-Maus-Spiel, das einer gewissen Komik nicht entbehrt, allerdings auch Nerven kostet. Der verfolgte Mitarbeiter jedenfalls wird, wenn es hart auf hart kommt, seinerseits Papier produzieren und nachzuweisen versuchen, dass er von Ihnen persönlich unter Druck gesetzt wurde und Sie seine goldene Uhr gestohlen haben. Schließlich schwärzt er Sie bei der Meldebehörde an, da ein Stempel auf Ihrer *Registrazija* (»Meldebescheinung«) nicht korrekt ist, und verlangt Ihre Ausweisung. Er bombardiert Sie mit Telegrammen, die darauf hinweisen, dass diese und jene Arbeitsbestimmung nicht eingehalten worden sei. Oder er hat gegen eine kleine Zuwendung von Ihrer Sekretärin erfahren, dass Sie für Ihr Gesundheitstestat, das Bedingung für die Arbeitserlaubnis ist, nicht die obligatorische Schanker-Untersuchung haben machen lassen; eine Geschlechtskrankheit, die seit dem Ersten Weltkrieg als bekämpft gilt, jedoch von den russischen Behörden bis heute nachgefragt wird. Beide Seiten ziehen am Ende vor Gericht, bewaffnet mit in Zentimetern oder Metern gemessenen Papierstapeln. Entschieden wird dann oft mittels Fütterung und anschließender Erpressung. Denn wenn Ihre Papierstapel korrekt und umfangreich waren, gerät die Gegenseite ins Hintertreffen – und füttert den Richter. Sie verlieren den Prozess. Sie könnten natürlich im Gegenzug den Richter ebenfalls bestechen. Ist aber nicht anzuraten, da sich sehr wahrscheinlich postwendend Ihr Geldbote seinerseits an Sie wenden und um eine Zuwendung bitten wird. Oft hat die Sache ein besonders hässliches Nachspiel. Denn hier produziert noch jemand Papier: der Gerichtsdiener. Er protokolliert das Verfahren. Sollte es sich nicht vermeiden lassen, als Zeuge vor Gericht erscheinen zu müssen, wird es nun brandgefährlich. Denn die Fütterung des Richters durch die Gegenseite verlangte schließlich eine »kreative« Bearbeitung des Protokolls, um bei einer möglichen Bestechung eines höherstehenden Beamten Ihrerseits die gegen Sie getroffene richterliche Entscheidung legitimieren zu können, ja gegebenenfalls neue Erpressungsmöglichkeiten zu schaffen, sollten Sie sich im Nachgang in Ihrer Sache als zu hartnäckig erweisen. In diesem Fall fragt Ihr Anwalt Sie staunend: »Ja, haben Sie denn kein eigenes Protokoll Ihrer Zeugenaussage anfertigen lassen?« – »Nein, leider nicht.« Und schon erhalten Sie wenig später von der Gegenseite eine Aufforderung, dies und jenes zu tun, da Sie ja selbst vor Gericht zugegeben hätten, beispielsweise Urkundenfälschung betrieben zu haben. Steht ja im Protokoll. Jetzt wissen Sie, warum man in Russland seine Angelegenheiten lieber unter sich regelt. Der Dauerloop im russischen Behördendschungel ist teuer, kostet Zeit, und der Ausgang ist ungewiss.

Ein sehr beliebtes Instrument im Kampf mit der Papiermaschinerie ist das Gegendokument. In Russland kennt man in diesem Punkt kein Unrechtsbewusstsein. Daher tauchen im Papierdickicht viele »freie« Schriftstücke auf mit einer Reihe von Unterschriften und Stempeln, die dokumentieren, welch toller Hecht ihr Besitzer ist. Mit denen geht der Durchschnittsrusse dann ins Rennen. Wundern Sie sich nicht, wenn einer Ihrer Mitarbeiter die letzte Seite eines Vertrages kopiert und an eine neue, selbst erstellte Vertragsfassung anhängt. Sollten Sie das monieren, wird Ihnen geantwortet, dass es sich ja nur um eine Eingabe bei der Meldebehörde handeln würde. Nicht selten haben Sie es mit komplett gefälschten Lebensläufen zu tun. Auf Ihre Nachfrage, warum denn da eine umfassende Ausbildung in Stanford genannt wird, die offensichtlich erstunken und erlogen ist, antwortet der Kandidat, er hätte lediglich seine Vorzüge untermauern wollen. Sie werden übrigens selbst nach einem einstündigen Vortrag Ihrerseits über den Umgang mit Dokumenten, die Bedeutung von Verträgen und Unterschriften bei Ihren Zuhörern nicht den Schimmer eines Schuldbewusstseins bemerken.

Unterschriften werden so häufig gefälscht, dass Sie jederzeit vor Gericht erst einmal die Behauptung in den Raum stellen könnten, Sie hätten gar nicht unterschrieben. Selbst wenn der Schriftzug eins zu eins der Ihrige ist. Ein Vertrag in Russland: Schall und Rauch. Es gibt keine Vertragskultur, wie es auch keine Rechtskultur gibt. Es handelt sich hier vielmehr um eine Rechtfertigungskultur. Schon im Kommunismus galt: Wer umfangreiche Berichte schrieb, hatte Recht. Das Sich-Losschreiben-Prinzip, die *Otpiska,* dient natürlich auch dazu, die Sachverhalte deart zu verwirren, dass schlussendlich keine klaren Aussagen herauszufiltern sind. Die *Otpiska* geht einher mit jedweder Vermeidung von Verantwortung. Denn die Gefahr des *Kompromats* ist permant. Daher wird nahezu jeder Sachverhalt neutralisiert. Die zirkulierenden Fluten von Papieren widersprechen sich gegenseitig ebenso wie die verabschiedeten Gesetze. Mit einem Papier kommen Sie in Russland keinesfalls zu Ihrem Recht – aber zu einer Fütterung.

Oblomow ist mit uns

Es sollte ein unaufgeregter Abend werden. Nichts Opulentes. Ein gutes Essen, unterhaltsame Gespräche und dann früh zu Bett. Mein Geburtstag. Ich verabredete mich also mit einem russischen Bekannten im *Baccarat*, einem der besten Restaurants Moskaus.

Ich warte. Mein Gast verspätet sich um etwa eine Stunde. Stau! Ich hatte auch Stau, denke ich und vertreibe mir die Wartezeit, um Ambiente und Publikum mit inzwischen geschultem Blick zu durchleuchten. Gourmettempel in der russischen Hauptstadt: schicker als in Paris, erstklassiges Porzellan, fulminante Speisekarte, exzellente Ober. Links und rechts ein Oligarch. Die Preise dementsprechend. Keine langbeinigen, blonden Gazellen. Ist auch noch früh. Endlich: Mein Gast erscheint, sitzt mir nun aufrecht im Stuhl gegenüber, trägt feinstes Tuch, eine sehr ausgesuchte Krawatte, dunkle Socken. Alles passt! Nachdem wir zwei oder drei Gläschen Ruinart runtergegossen haben, wird bestellt. Mein Gegenüber ordert *Mors*, einen russischen Beerensaft, einen Tee, »Champagner haben wir ja noch«, zur Vorspeise Jakobsmuscheln in einer Pfifferlingsauce, als Hauptgang Lamm und sagt nicht nein, als der Ober listig erklärt, er könne zu den Muscheln auch noch ein Tellerchen Käse und etwas Fisch in Aspik reichen. Ermutigt fragt mein Bekannter nun, ob denn noch andere Tellerchen im Angebot seien. Aber natürlich, flötet der Ober und freut sich sichtlich, dass endlich Bewegung in die Feier kommt.

Die Vorspeise wird serviert. Die Muscheln in Pfifferlingsauce, verschiedene Tellerchen mit dick abgehobelten Käsescheiben, Fisch in Aspik, marinierte Pilze, mindestens sieben dicke Schwarzbrotscheiben, Sorte *Borodinskij*. Der Tisch biegt sich bereits, auch vom Tee, Champagner und *Mors*, woraufhin mein Gast, jetzt erstaunt, beim Ober nachfragt, ob es denn keine Äpfel gebe. Was wiederum mich wundert, denn die Äpfel stehen normalerweise bei der Garderobe, und ich war sicher, dass er sich schon einige in die Tasche gesteckt hat. Der Ober, hocherfreut, bringt sogleich den ganzen Korb mit Äpfeln. Mein Gast nimmt sich drei. Mit gutem Appetit greift er zur Vorspeise: von den Jakobsmuscheln, etwas von den Tellerchen, zwischendurch ein wenig Brot und wieder von den Tellerchen, gespült wird synchron mit *Mors*, Tee und Champagner. Neugierig macht sich nun der Ober bemerkbar. Der Gast habe doch ein so großes und schönes Paket mitgebracht, in dem gewiss ein Geschenk sei. Ob ich es denn nicht öffnen wolle? Auch an den Nachbartischen hat sich die Sache bereits herumgesprochen. Aufmunternde Blicke. Ich kann gar nicht anders, ich muss meine Vorspeise unterbrechen und das Geschenk auspacken, da nun sechs Ober an unserem Tisch stehen und die umsitzenden Gäste ihr Gespräch eingestellt haben. Nun gut. Ich öffne die Schachtel. Es ist eine Wolldecke! Unter Ah-Rufen und heftigem Klatschen beteiligt sich das ganze Lokal an der Freude über das herrliche Geschenk. Zwei Ober zerren bereits an dem Wollstück: Welche Qualität? Wo haben Sie es gekauft? Mir wird die ganze Angelegenheit peinlich. Nun steht auch noch einer der Gäste auf und legt mir die Wolldecke um die Schultern, um zu sehen, wie sie mir steht. Applaus! Ein Trinkspruch muss her. Mein Bekannter erhebt sich, ein Cognac in der Hand. Sogleich gehen alle Zegnas und Armanis hoch, auch die Escadas und Pradas: Ein dreifaches Hurra auf meinen Geburstag, meine Gesundheit (ich habe ja jetzt die Wolldecke!) und eine glückliche Zukunft! Nun bin ich an der Reihe. Muss das Kunststück fertigbringen, sehr emotional, aber kurz und knackig in diesem sauteuren Ambiente zum Ausdruck zu bringen, warum gerade diese wunderbare Wolldecke mein Herz so erfreut. Der weitere Verlauf meines Geburtstages geht im Sturztrunk mit viel Schwarzbrot und Äpfeln unter.

Nach außen das Kühle, Europäische, die glanzvolle Fassade – innen aber spiegelt sich das asiatische Russland. Das offene Haus. Jeder ist willkommen. So wie sich der west-östliche Kulturkampf noch 2009 in den Tischsitten zeigt, weiß man seit Iwan dem Schrecklichen, dass die Frage nach seiner Herkunft den gemeinen Russen plagt. Russland – unbekanntes, weites Land. Nah und doch so fern. Das ist nicht nur ein westliches Klischee. Fragen Sie heute einen in Moskau, einen in Rostow am Don und zwei in Wladiwostok, was Russland ist, bekommen Sie aller Wahrscheinlichkeit nach vier verschiedene Antworten. Schließlich müssen Sie unterscheiden zwischen der *Rus*, *Rossija*, der Russischen Föderation und dem Großen Ganzen, dem sowjetischen Vaterland. Es ist nicht einfach!

Verschwiegen wird dabei, dass noch immer die Frage schmerzt: Wo liegt das wahre Russland? In Asien oder Europa? In Moskau oder St. Petersburg? Im Zentrum steht die immerwährende Suche nach der Identität. Dieser Seelenzustand west-östlicher Zerissenheit war schon das Sujet Tolstojs und vieler seiner Schriftstellerkollegen, wie Gogol, Turgenjew und Puschkin. »Wir Russen haben zwei Vaterländer: Russland und Europa«, schrieb Dostojewskij. In Tolstojs »Krieg und Frieden« treffen in den Herzen der Protagonisten zwei Welten aufeinander: die aufgestülpte, kalte, europäisierte der Nobilität und die verschwenderische, orientalisch-tartarische des Landvolks. Auf der öffentlichen Bühne des Lebens ein Europäer, privatim ein Russe!

Die meisten Russen haben, heute wie damals, eine tiefe Empathie zu den Traditionen des Landlebens. Pilze (*Griby*) suchen, vor der Datscha sitzen und schwitzen in der Sauna (*Banja*), all das ist am Wochenende und leider oft auch an Arbeitstagen Grund zur Freude. Das ist »das wirkliche Leben«: Zusammensein mit Freunden, Singen von Volksliedern und natürlich Essen und Trinken. Zum Beispiel die herrlichen Vorspeisen (*Sakuski*): Fisch in Aspik, Pilze, mariniert in unzähligen Variationen, Brottrunk (*Kwas*), *Mors* und Wodka. Das ist der Sitz der russischen Seele. Verschwenderisch im Umgang mit allem. Jeder Tag kann der letzte sein. »Moskau ist unser Herz!« Die andere Seite ist St. Petersburg. Hier regiert die Pflichterfüllung. Die Stadt, die Peter der Große 1703 an der Newa als Gegenstück zum Moskau des 17. Jahrhunderts auf sumpfigem Untergrund gründete. St. Petersburg, das »Fenster zum Westen«, wie Puschkin schrieb. Mehr noch, der Eintritt nach Europa, zur Welt des Fortschritts und der Aufklärung. Die dunkle, mittelalterliche Rückständigkeit Moskaus hinter sich zu lassen – das war das Bestreben Peters des Großen. Den vorzeitigen Ausgang dieses gewaltigen Projekts beschreibt der Historiker Orlando Figes so: Als 1837 im Winterpalast St. Petersburgs ein riesiges Feuer ausbrach, war der Schaden immens. Hinter den steinernen Fassaden, all den Spiegeln und dem Glanz waren hölzerne Konstruktionen angebracht, die wie Zunder brannten. Unter dem dynamischen Aufbruch nach Europa saß: ein hölzernes Russland!

Damals wie heute ist Moskau das Symbol für das wahre russische Leben. »Moskau mag wild und ausschweifend sein«, schreibt schon Geheimrat Filipp Wigel, »aber es hat keinen Zweck, es ändern zu wollen. Denn in uns allen ist ein Teil Moskaus. Kein Russe kann Moskau entrinnen.« Gogol sekundiert: »Petersburg ist eine akurate Person, ein perfekter Deutscher, alles wird kalkuliert. (…) Moskau hingegen ist ein russischer Edelmann. Wenn er eine gute Zeit haben will, feiert er bis zum Umfallen, ohne Rücksicht darauf, was er in der Tasche hat.« – »Moskau ist die Hölle hedonistischer Vergnügungen«, konstatierte auch Turgenjew vor nahezu 200 Jahren: »Alles, was seine Bewohner tun, ist essen, trinken, schlafen und auf Feste gehen.« Graf Juschkow veranstaltete 1801 innerhalb von 20 Tagen ganze 18 Feste, die bis zum Morgengrauen andauerten. Die Scheremetjews waren berühmt für ihre rauschenden Bälle. Mehrmals im Jahr gab man ein Diner mit anschließendem Tanz für mehr als 50 000 Gäste. Ohne zu wissen, wen man da bewirtete! Graf Stroganow hatte einen Hausgast, der 30 Jahre lang bei ihm zu Mittag aß. Eines Tages erschien der nicht mehr. Er war gestorben. Stroganow kannte dessen Namen nicht, hatte drei Jahrzehnte nicht danach gefragt. Auch heute noch lieben die Moskauer das Leben und die Nacht. Ohne Grenzen. Das ist das wahre Glück. Daher tut man sich schwer, um neun Uhr im Büro zu sein. Manche, infiziert von einem Feierzwang, schaffen es erst gegen Mittag – wie vor 200 Jahren.

Als »bizarre Mischung« charakterisiert der Dichter Konstantin Batjuschkow Moskau, für den die Stadt eine »unvergleichliche Melange aus frugalem Aberglauben und himmlischer Pracht, aus Ignoranz und Aufklärung« war. Schließlich, so sein Resümee, erkenne man hier, dass Zar Peter zwar »eine große Sache in Angriff genommen, aber nichts vollendet hatte«. Und tatsächlich: Mittelalterlicher russischer Stil und Neogotik, verwoben mit byzantinischen und klassischen Motiven, machen Moskau zu einer Stadt zwischen Ost und West. Die Kuppeln, warme Pastelltöne, runde Formen, russische Ornamente vermitteln einen märchenhaften Charme. Der Literaturkritiker Wissarion Belinskij befand gar, »wenn einige der Kirchen Minarette wären, glaubte man, in einer dieser wilden Städte zu sein, von denen Scheherazade erzählt«.

Das alles hatte nicht nur mit der Lage Moskaus zwischen Nord und Süd, auf der Handelsroute zwischen Europa und Asien zu tun. Das Moskau von heute, mit dem offenen Roten Platz, dem Bolschoj Theater, dem Gartenring und dem Alexander Garten nahe dem Kreml basiert auf dem Geist einer nationalen Renaissance. Nachdem das Idealbild von Europa in weiten Teilen der Nobilität und unter den Literaten durch die Auswüchse der Französischen Revolution und schließlich durch den Kriegseintritt Russlands gegen Frankreich 1805 bereits stark erschüttert war und schließlich Napoleon dann 1812 die Stadt belagerte, brannten die Moskauer sie nieder. Jetzt war Platz, einer neuen Identität Ausdruck zu verleihen: Man besann sich auf russische Wurzeln, rein europäisch wollte und konnte man nicht mehr sein. *Kwas* und Wodka verdrängten den Champagner, und statt französischer Leckereien bot man wieder die Kohlsuppe an. Das Savoire vivre von der Seine war nun verpönt. Der Ruf nach einer nationalen Sprache, die jeder verstehen könne, wurde laut. Man erfand die Datscha. Einfache Sommerhäuser der Aristokratie, in denen man fern der großen Stadt dem russischen Landleben frönte. Man trug wieder orientalische Kleidung, ging fischen und sammelte Pilze. Es war die Zeit der Suche nach der russischen Seele.

Privates Geld der vornehmen Familien floss aus St. Petersburg heim nach Moskau. Wie die Ameisen strömten die Menschen zurück, meinte Tolstoj, um ihre verlassenen Ruinen wiederaufzubauen. Und tatsächlich, der Adel ließ es sich nicht nehmen, Bekenntnis zu zeigen. Man spendete, baute zurückgelassene Stadthäuser wieder auf und errichtete neue. Es entstanden kleine Paläste. Alles atmete den Charme des Landadels, den Duft der russischen Provinz. Daneben blühte aber auch Europäisches. Bald wurde Moskau zum Zentrum der selbstbewussten russischen Kunst. Die Werkstätten des Carl Fabergé entstanden. Die heute so berühmten Lackarbeiten und die Ikonenmalerei wurden in Moskau gepflegt. Pawel Tretjakow schenkte der Stadt seine Kunstgalerie, reiche Kaufleute, die ins Zentrum strömten, erbauten das Kaufhaus GUM, auch das Russische Museum am Roten Platz entstand in dieser Zeit.

Die nationale Renaissance war ein Griff in die Trickkiste. Ganz aufgeben wollte man den Platz am europäischen Tisch nicht, das asiatische Erbe zu verbergen, war aber auch nicht möglich. Zu stark hatte sich die Elite schon vermischt mit noblen Tataren, und zu viele Einflüsse der 250 Jahre währenden Mongolenherrschaft waren präsent.

Womöglich hatte Napoleon recht, als er sagte: Kratze an einem Russen, und zum Vorschein kommt ein Tatare. Die glanzvollsten russischen Namen – fast alle Tataren. Boris Godunow war einer. Die Schriftsteller Karamzin, Turgenjew, Bulgakow, Achmatowa – alle stammten sie von türkisch sprechenden Nomaden ab, die Dschingis Khan im 13. Jahrhundert gefolgt waren und sich in Russland niedergelassen hatten. Die Philosophen Tschaadajew, Berdjajew. Männer wie Bucharin, Tuchatschewski, auch Rimskij-Korsakow: allesamt Tataren. Rachmaninow, der General Kutusow: ebenfalls – wie auch die Familien Scheremetjew, Stroganow und der Dichter Gogol. Die russische Sprache ist voller tatarisch-mongolischer Spuren, und unzählbar viele mongolische Gepflogenheiten haben sich im Russischen Reich verankert. Haben Sie beispielsweise russische Gäste eingeladen, so schütteln Sie auf keinen Fall deren Hände, wenn Sie über die Schwelle treten. Es bringt Unglück – und auch dies ist ein mongolischer Aberglaube.

Viele Russen richteten im 19. Jahrhundert entschlossen ihren Blick gen Osten, und 1881 machte Dostojewskij die Bestimmung Russlands auch in Asien aus: »Russland ist nicht nur Europa, es ist auch Asien … Wir müssen unsere Angst, Europa könne uns als asiatische Barbaren bezeichnen, abwerfen.« Und: »Diese falsche Sicht, uns selbst nur als Europäer und nicht als Asiaten (und wir haben nie aufgehört, solche zu sein) zu betrachten, ist uns teuer zu stehen gekommen während zweier Jahrhunderte, und wir haben haben dafür mit dem Verlust unserer geistigen Unabhängigkeit bezahlt.« Schließlich: »In Europa waren wir nur Gnadenbrotesser und Sklaven, in Asien hingegen werden wir die Herren sein.« Gogol lieferte in »Taras Bulba« den dazu passenden Ideal-Russen. Den machte er in Form des Kosaken als russischen Urkrieger aus: »Die Kosaken sind ein Volk, das hinsichtlich des Glaubens und der geographischen Herkunft zu Europa gehört. Doch sind sie gleichzeitig asiatisch, in ihrer Lebensform, ihren Angewohnheiten und ihrer Kleidung. Sie sind ein Volk, in dem zwei gegensätzliche Seiten der Welt vereint sind. Europäische Klugheit und asiatische Unabhängigkeit, Klarheit und List, einen Sinn für Aktivität und eine Liebe zur Faulheit.« So sieht sich der Durchschnittsrusse von heute.

Da im Zweifel eher die Hinwendung zum Kontemplativen als zum Aktiven in Russland kultiviert wird, haben die Russen dafür einen Begriff: die *Oblomowtschina*. Sie erinnern sich? Oblomow, der im orientalischen *Chalat* sein Leben auf dem Sofa verbringt und sich im Traum von einem verantwortungsfreien Leben verliert? Gontscharows literarische Figur des Oblomow ist das kulturelle Mahnmal aller Russen an ihr asiatisches Erbe (Figes). Lenin, kalmükischer – also mongolischer – Abstammung, hat eben immer dann, wenn er an der Unbeweglichkeit seiner Landsleute verzweifelte, gesagt: Oblomow ist mit uns.

Njet –
Besser, man legt sich nicht fest

Nikolaj Alexandrowitsch, der Mann für grobe Fälle, hatte abgebissene Fingernägel, meerblaue Knopfaugen und war etwa einsfünfundsechzig groß. Seine Körpermasse umfloss das Sitzmöbel, von dem nur noch vergilbter Schaumstoff zu sehen war, der zwischen den Oberschenkeln hervorquoll. Nikolaj Alexandrowitsch trug Nadelstreifen – immerhin. Die Koryphäe des russischen Justizdschungels telefonierte seit einer Ewigkeit, hielt jedenfalls den Hörer am Ohr, und schob mit den Fußspitzen, zu mehr langte es nicht, seinen Untersatz hin und her. »Dass soll nun unsere Rettung sein?«, staunte ich rüber zu Natalja, die neben mir im Korridor saß. Die blickte durch die Scheibe auf den durchs Kabuff rollenden Nikolaj und brummte leise: *Budjet* – »Wird schon.« Ansonsten bedeutete sie mir, jetzt ruhig zu sein und das Wohlwollen unseres Kontaktmannes nicht unnötig aufs Spiel zu setzen. Wir sahen also stumm dem auf Linoleum dahingleitenden Topadvokaten zu.

In der Tat war es nicht einfach gewesen, an den Mann heranzukommen. Man braucht mindestens zwei anwaltschaftliche Vertretungen im Russenland. Die eine sollte eine internationale Großkanzlei sein, die sowohl zur Absicherung der eigenen Person als auch des Vorstandes im Mutterland dient. Wirklich problemlösend für die obligatorischen Erpressungen, Bedrohungen, eben das tägliche Einerlei, ist jedoch ein russischer Anwalt mit exzellentem Freundschaftsnetzwerk. Einer, der jedes Problem verflüchtigen kann, und weiß, dass dies nur nach Landessitte geht. Diese Leute sind begehrt, scheuen Auffälligkeiten und haben deshalb nicht immer eine feste Adresse. Gelingt es Ihnen also, ein Treffen zu arrangieren, wird dies selten im glanzvollen Ambiente sein. Man arbeitet eher unauffällig. Und dennoch hatte ich mir ein wenig mehr erwartet. Schließlich sagte man Nikolaj Alexandrowitsch flüssige Beziehungen bis hin zur Moskauer Staatsanwaltschaft, in höchste Armeekreise sowie zum oberen Level im Geheimdienst nach. Ich hatte gehört, dass er die Probleme seiner Kunden nahezu lautlos beseitigte. Ein Mann von großem Einfluss also, der gerade hinter einer verdreckten Glasscheibe mit zwischen Schaumstoffbatzen eingeklemmten Hoden seine amorphe Fleischmasse durch zehn Quadratmeter schob und gelegentlich von der Telefonschnur abgebremst wurde.

Wir wurden eingelassen. Nikolaj Alexandrowitsch hatte den Hörer schwungvoll auf die Gabel geworfen und uns gebeten, Platz zu nehmen. Das war insofern schwierig, als unsere Sitzgelegenheit so angeordnet war, dass meine Knie an die des Advokaten stießen, der wiederum eingekeilt war zwischen mir, dem Schreibtisch und Nataljas Schenkeln. Da sich einheimischerseits an der Konstellation niemand zu stören schien, gab ich Natalja das Zeichen, den Sachverhalt zu erläutern. Sie holte aus und begann umständlich zu danken: »Dass man sich hier und heute trifft, wie schön. Ja, dass es doch noch geklappt hat. Und alle gesund beieinander.« Dann weitverzweigte *Druschba*-Verbindungen in Erinnerung zu rufen: »Pawel Sergejewitsch ist doch im Mai vor dem Stadion erschossen worden, ja, ja, welch ein Unglück«, die Stimmung ganz allgemein auf Temperatur zu bringen: »Am Rischki-Markt gibt es jetzt wieder hervorragenden Fisch! Ach, wirklich?«, und schließlich unsere Not zu schildern. Nikolaj Alexandrowitsch wog die ganzen zwei Stunden über den Kopf, warf alles, was die Glatze hergab, in Falten und sah dann und wann sorgenvoll zu mir herüber. Da ich bisher stumm geblieben war, wusste er, wer zahlt. Es war an mir, die entscheidende Frage zu stellen: »Nikolaj Alexandrowitsch, können Sie das Problem lösen?« – »*Nu, Da-Njet,* Nun, Ja-Nein«, ächzte er, da er auf seinem Sitzgefährt nun zur Bewegungslosigkeit verdammt war. »Wo liegt das Hindernis?«, schenkte ich ihm ein Lächeln, da es vermutlich ums Geld ging. Er strahlte mit seinen blauen Knopfaugen zurück und sagte ein deutliches »*Posmotrim*«, was so viel wie »mal sehen« meint. »Gut. Ich zahle Ihnen 5 000 Euro. Bei Erfolg in zehn Tagen lege ich nochmal 5 000 drauf. Wenn in weiteren zwei Monaten nichts nachkommt, nochmal 2 000. Einverstanden?« Er nickte. »Na, prima«, erhob ich mich und schubste Natalja an, den Weg zur Tür freizumachen, da nun endlich nach zweieinhalb Stunden alles geritzt schien. Doch Natalja grinste und blieb sitzen. Auch Nikolaj Alexandrowitsch erhob sich nicht, sinnierte stattdessen aus dem Fenster in die Ferne auf rostige Mülltonnen. Natalja nutzte den Moment und zog mich an meiner Jacke zurück auf mein Holzstühlchen: »*Ne wolnujtes!* Regen Sie sich nicht auf!«

Ich wusste, dass lautes und harsches Auftreten jederzeit zum Verhandlungsabbruch führen kann und gehorchte daher. Druck will wohldosiert eingesetzt werden. Das weiß jeder Russe. Doch das kostet Nerven, über die nur der Inländer in enormem Ausmaß verfügt. Seit nunmehr einer Ewigkeit im vollen Körperkontakt bildeten wir eine Art russischer menage à trois. Unser Kleinkollektiv hatte es recht gemütlich in der Enge. Der vergilbte Heizkörper bullerte und gab heiße Schwaden von sich. Nataljas Schenkel klebte an dem meinen, der durch die Bewegungslosigkeit schon taub geworden war, und ihre Hitze strömte ungehindert in mich rein. Oben wallte zarter Schweißgeruch in Schüben aus den Achseln hervor, die sie dann und wann hob, um die schweren Brüste im Zaum zu halten. Die nämlich strebten raus aus der Bluse und hinüber zum Advokaten, der noch immer einen Gedanken suchte. Wann er den finden würde, war völlig unklar. Wie so vieles in diesem Land. Der Mann blickte weiterhin in durchaus visonärer Haltung aus dem Fenster, über die traurigen Topfpflanzen hinweg, die unter einem noch jungen, feschen Putin-Portrait auf dem Fensterbrett standen.

Nikolaj Alexandrowitsch hatte seinen Gedankengang endlich beendet, bestellte Butterbrote, schwarzen Tee und hob zur Verhandlung an: »*Rabota ne wolk. W les ne ubeschit.* – Die Arbeit ist kein Wolf. Sie läuft nicht in den Wald«, lächelte er. Natalja lächelte wissend zurück. »Das heißt, Sie machen es?«, fragte ich unwirsch. »*Moschet byt* – kann sein«, brummte er und biss in sein Brot. Natalja tat es ihm gleich, griff zur Teetasse, warf das fünfte Stück Zucker hinein und begann gleichmäßig zu rühren. Mir wurde das zu bunt. Ich tönte ein abfälliges »Das Rumpelstilzchen stolpert gern mal in der Nacht« zum kauenden Nikolaj, stand auf und erklärte das Gespräch für beendet, um nun doch Bewegung in die Verhandlungen zu bringen.

Das hätte ich mal lieber bleiben lassen, denn nun zischte der Listige: «Sie scheinen Ihre Kultur nicht gut zu kennen« – in dialektfreiem Deutsch! Um nach diesem Fauxpas wieder auf Augenhöhe zu kommen, blieb mir nur ein einlenkendes *Moschet byt*, das von Nikolaj und Natalja mit herzlichem Gelächter quittiert wurde. Nach weiteren zwei Stunden heftigen Austauschs von *Posmotrim, Budjet* und *Da-Njet* einigten wir uns darauf, miteinander ins Geschäft gekommen zu sein.

Freudig stolperte ich hinter Natalja den düsteren und übel riechenden Flur entlang, die abgebrochenen Treppenstufen hinab und raus ins Freie. Es war schon dunkel, doch die frische Luft und das vertraute Aufblinken der Scheinwerfer Jurijs, der uns bereits erwartete, ließ mich aufatmen. »Das wäre geschafft«, lachte ich. »Zum Glück hat er nicht nein gesagt.« Darauf Natalja: *Posmotrim*.

Njet kennt die Welt. *Njet* steht für ein knallhartes russisches Nein. Was niemand zu wissen scheint: Der Russe sagt nicht *Njet*, aber er meint es. Gesprochen wird eher in Allegorien. So bemerkte Präsident Putin, als man ihn fragte, ob er tatsächlich ein lupenreiner Demokrat sei, als den Gerhard Schröder ihn bezeichnet hatte: »Natürlich bin ich das, absolut … Das Problem ist nur, dass ich der einzige dieser Art auf der Welt bin.« Und er fügte hinzu: »Da ist niemand mehr, mit dem man sprechen kann, seit Mahatma Ghandi gestorben ist.«

Die Russen sind Meister in sprachverschlüsselten Botschaften, was in unterdrückten Gesellschaften keine Seltenheit ist. Man hält sich Freiräume offen, versucht zu erspüren, was Wirklichkeit und was Scheinwelt ist. Das Ausloten der eigenen Möglichkeiten findet dann in einem furiosen Spiel von Mimik, allgemeinen Schwingungen und sprachlichen Kapriolen statt.

Mit *Da* und *Njet* ist es also nicht getan. Da muss man schon tiefer einsteigen. Sagt der Russe *Da*, heißt das lediglich, dass er das Gesagte zur Kenntnis genommen hat. Wie er weiterhin zu verfahren gedenkt, ist noch lange nicht ausgemacht. Sagt er »*Da-Njet,* Ja-Nein« meint er ein »vielleicht«, zieht also mehrere Varianten einer Antwort in Betracht. Sagt er hingegen »*Posmotrim* – sehen wir mal« oder »*Budjet* – wird schon« oder gar ein »*Moschet byt* – kann sein«, so kommt das einem westlichen Ja schon sehr nahe. Meint der Russe hingegen Nein, so kriegen Sie das nicht mit. Jedenfalls nicht gleich. Sie werden erst später merken, dass Ihr Gegenüber anderer Meinung war. Das direkte *Njet* werden Sie nur selten hören. Meist handelt es sich dann um ein starrsinniges Verhalten, das sich nicht auf einen konkreten Inhalt bezieht, sondern vielmehr die diffuse Abneigung gegenüber einer Person kundtut. Hier hilft nur die Beziehungsebene, um ein nonverbales *Da* zu erhalten, da es sich bei der russischen Kultur um eine beziehungsorientierte Kultur handelt.

Jetzt werden Sie sich fragen, was denn ein Russe sagt, wenn er vor Gericht steht und sein weiteres Leben in Freiheit davon abhängt, einen Sachverhalt zu verneinen. Wenn er also von dem Überfall auf seinen Generaldirektor, der dazu diente, die Firma im Handstreich zu übernehmen, wirklich nichts wusste, dann verneint er doppelt: »*Ja nitschewo ne snaju* – ich weiß nicht nichts.« Die Aufhebung der doppelten Verneinung (hier: Wenn er nicht nichts weiß, dann weiß er was) gilt in Russland nicht.

Schließlich geht es um Spielräume und die wollen ausgelotet werden. Die aus der Sowjetzeit rührende eigentümliche Schizophrenie nach außen getragener Uneigennützigkeit einerseits und tatsächlicher trickreicher Geschäftstüchtigkeit andererseits spiegelt sich noch immer im sprachlichen *Da-Njet* wieder. Noch heute ist die Vorstellung von Privateigentum als Diebstahl gefühlsmäßig verankert. Lange war dies die einzige Möglichkeit des Überlebens: ein wenig auf die Seite zu bringen. Die gerissene Aneignung von Reichtum findet daher im Volke mehr Bewunderung als das jahrausjahrein betriebene Sammeln von Nüsschen – was ja auch keinen Sinn macht. Über Jahrhunderte hat der russische Staat nach Gutdünken genommen und gegeben. Katharina die Große war nicht die erste russische Herrscherin, die ihren Favoriten unermessliche Reichtümer gab, diese aber auch wieder entzog, wenn die Günstlinge in Ungnade gefallen waren. Neuzeitlich sind Aufstieg und Fall der Oligarchen die prominenten Beispiele. *Es nimmt der Zar, es gibt der Zar*, heißt es. Besser, man legt sich nicht fest.

Jurij

»Du wolltest mir doch einen Kontakt zu dem Mann von der Armee herstellen!«

»Der sitzt.«

»Warum?«

»Letztes Wochenende fuhr er mit der *Elektritschka* auf die Datscha.«

»Und?«

»Nu, jemand hat sich auf seinen Armeesack gelegt und ist eingeschlafen. Da hat er dem drei Kugeln in den Kopf gejagt.«

»Ach du meine Güte! Und wo kriege ich jetzt einen neuen Kontakt her?«

Taras Tschupschenko ist überall – Kampf mit der Logik

Jurij hob meinen Rollkoffer aus dem Wagen, gab mir die Zeitung und hob die Hand zum kurzen Abschiedsgruß: *Do ponedelnika,* »bis Montag.« Drei Tage nur, und dann sollten wir zurück sein aus Nischnij Nowgorod. Auch Natalja stand schon am Flughafentor und lachte. Nur Taras Tschupschenko, unser neuer Chief Operating Officer (COO), fehlte noch.

Schließlich kam er eine Dreiviertelstunde zu spät (Stau!) und hatte zwei große Koffer dabei. Da man für drei Tage ja nun außer einer Zahnbürste nur zwei Ersatzhemden und ein wenig Unterwäsche braucht, war ich einigermaßen verwundert und zischte rüber zu Natalja: »Spinnt der?« Sie zupfte mich am Ärmel und bedeutete mir, jetzt keinen Aufstand zu machen: »*On s derjewni!*« – was soviel heißt wie »Landei«. Beim Einchecken verloren wir Taras dann zunächst einmal, da er wegen des Übergepäcks umfangreiche Verhandlungen am Gate zu führen hatte.

Unterdessen schoben und stießen wir uns durch die Sitzreihen unserer Aeroflot-Maschine, wehrten schleudernde Gepäcktaschen und entgegenkommende Passagiere ab. Es ist ja durchaus normal, dass während des Einsteigens einzelne Fluggäste aus dem hinteren Teil des

Flugzeugs zurückdrängen, um noch eine Zeitschrift zu holen, ein Schwätzchen zu halten oder umzupacken. Man hat immer ein wenig mehr dabei und verteilt die Stücke dann wahlweise unterwegs, während man sich in munterer Stimmung zu seinem Sitzplatz quält. Endlich: Wir fielen in unsere Sitze. Ich am Gang, wie gewöhnlich, Natalja in der Mitte, und wir beide warteten nun auf Taras, für den wir den Fensterplatz reserviert hatten. Er kam als einer der letzten mit breitem Siegerlachen im Gesicht, einem großen Koffer und nun einer Umhängetasche. Überwältigt vor Freude, mit glühenden Augen: dass wir uns in diesem Leben nochmal wiedersehen! Taras war im Glück. »*Priwjet, priwjet*!«, keuchte er, schüttelte dabei immer wieder den Kopf ob der Güte des Schicksals, das ihm noch dieses eine Mal hold gewesen war. Die umliegenden Reihen gratulierten, und einer packte den Wodka aus: *Sa Schisn!* – »Auf das Leben!«

Nun konnte es losgehen. Der Flieger schunkelte schon auf der Rollbahn vorwärts, und auch Taras nahm seinen Sitzplatz in die Zielgerade. Er drängte sich gegen meine Knie, während er gleichzeitig versuchte, zwischen mir und dem Sitz den Koffer reinzudrücken. Seine Umhängetasche hielt er dabei mit der linken Hand zurück, sodass sie etwa zehn Zentimeter vor meiner Nase baumelte und mir nicht ins Gesicht schlug. »Taras! Verdammt nochmal. Zurück! Sehen Sie denn nicht, dass das unlogisch ist. Sie gehen jetzt in den Gang nach vorne, Natalja und ich rückwärts. Dann können Sie in Ruhe Ihr Gepäck verstauen und Ihren Sitzplatz einnehmen!« Natalja grinste, aber Taras wich nicht von seiner eingekeilten Position. Vielmehr schob er und drückte, nun verzweifelt, zum Fenster hin. »Taras!!« Ich fand kein Gehör. Taras legte sein ganzes Gewicht in

Richtung Fenster, die Umhängetasche inzwischen auf Naljas Schoß, die nun ihrerseits an Taras zog, um ihm zum Durchbruch zu verhelfen. Und der von gegenüber fragte: »Möchten Sie einen Apfel?«

Logische Konsequenz gehört im unwirtlichen russischen Lebensraum nicht zu den ersten Tugenden. Sie macht ganz einfach keinen Sinn. Was dem Westler als unsinniges Verhalten oder gar Hakenschlag erscheint, ist reine Überlebenstaktik. Denn das abstrakte Regelwerk, das dem Leben des Westlers Maß und Sicherheit gibt, wird in Russland nur bei Bedarf angewendet – und dann meist zur Disziplinierung der Bevölkerung. Die Größe des Landes und das asiatisch-mongolische Erbe haben die Pflichten ganz auf Grenzsicherung und Tribut begrenzt. Alles andere bleibt dem sinnhaften Gefühl überlassen. Schon Dostojewskij schrieb, dass es einem jeden Russen unmöglich sei, sich einem künstlich erschaffenen Regelwerk zu unterwerfen. Man fühlt. Dass die Schwingung mehr zählt als das schlichte Vertragswerk, liegt im Verlauf der Geschichte begründet. Während sich im europäischen Spätmittelalter, nach Auflösung der Stammesgesellschaften, mit der Renaissance und später der Aufklärung so etwas wie eine Vertragskultur durchgesetzt hatte, zementierte sich in Russland die kollektivistische Gesellschaft. Auf Neurussisch nennt man das auch *Tussowka*. Das sprichwörtliche Zusammenglucken, das Wärme und Sicherheit gegen die Widrigkeiten der Obrigkeit verspricht. Denn noch immer gibt es »die da oben« und »die da unten«, und dem Untertan bleibt nur der Rückzug in die *Sobornost*: »Die da unten« sind ganz auf sich selbst gestellt. Daher zählten das Clanhafte, der *Druschba*-Verbund, die Schwingungen des

Gefühls als stärkerer Gradmesser für Lebensbewältigung als die Anwendung abstrakter Regeln und Verträge. Die dabei auftretenden enormen Reibungsverluste und Konflikte gelten sogar als positive Zeichen für ein gut geöltes zwischenmenschliches Netzwerk und für menschliche Wärme.

Diese Reibungsverluste haben für einen Westler geradezu monströse Ausmaße. Katharina, unsere Personalchefin, trug eine große Brillle und kam stets in staatstragender Pose daher. Was womöglich mit ihrem Vater zusammenhing, der es im KGB zu etwas gebracht hatte. »Unterschreiben Sie hier.« – »Was ist das?« – »Die Erneuerung Ihrer Arbeitsgenehmigung. Muss in zwei Stunden beim Amt in der Nikitskaja-Straße sein.« – »Und wenn nicht?« – »Dann zahlen wir 15 000 Euro Strafe, und Sie werden des Landes verwiesen«, zuckte sie gelangweilt die Schultern. »Ich werde was?« Hitze stieg in mir auf. »Warum haben wir den Antrag auf Erneuerung nicht rechtzeitig gestellt?« – »Weil gestern Abend die Ausländerbehörde die Quote für die Ausländer beschränkt hat. Steht in der Zeitung. Ab morgen werden keine Anmeldungen mehr angenommen.« – »Katharina, das heißt, wenn Sie heute im Stau stecken bleiben, muss ich in zwei Wochen das Land verlassen!« »Warum?«, fragte sie erstaunt. »Weil meine derzeitig gültige Arbeitsgenehmigung noch zwei Wochen läuft. Wenn Sie also meine Anmeldung nicht rechtzeitig einbringen könnten, hätte ich noch immer zwei ganze Wochen. Ist doch logisch, oder?« – »Was Sie immer denken«, schüttelte Katharina den Kopf und hielt mir auffordernd den Zettel zur Unterschrift hin. Ich unterschrieb.

Am folgenden Tag erschien Katharina wieder: »Und?«, fragte ich ungeduldig, »hat es mit dem Antrag geklappt?«

– »Wir müssen Ihren Arbeitsvertrag ändern.« – »Sie müssen was?« – »Ja, die Kopie, die dem Amt vorliegt, ist nicht gültig.« – »Katharina, das kann nicht sein. Mein Vertrag ist von russischen Anwälten geprüft und gültig…!« – »Nein, nein«, schon weinerlich, »die Arbeitsgenehmigung passt nicht, und deshalb müssen wir den Arbeitsvertrag ändern.« – »Moment mal. Setzen Sie sich. Weil irgendjemand meine Arbeitserlaubnis falsch ausgestellt hat, wollen Sie jetzt meinen Arbeitsvertrag fälschen? Und im Übrigen heißt das: Ich habe keine gültige Arbeitserlaubnis, ergo keine gültige Aufenthaltsgenehmigung, könnte also schlussendlich noch heute ausgewiesen werden!« – »Ich habe nichts falsch gemacht«, ging in einem Meer von Tränen unter. Wir unterbrachen. Galina segelte wissend mit Tee und Butterbroten herein und ich verlegte mich auf psychologische Kriegsführung. Acht Monate im Land des Kollektivs hatten mir beigebracht, bei Konflikten keinesfalls die seelische Komponente außer Acht zu lassen. Ja, in schweren Fällen Mütterlichkeit walten zu lassen. Erst dann konnte man den Fall bei Lichte besehen und ihn von allen Seiten prüfen, was wiederum Tage oder Wochen dauern kann. Ich erzählte also ein paar Schwänke aus meinem Leben und Geschichten über die Tradition der bayerischen Weißwurst, die eher belustigen sollten, um Katharinas im Anmarsch befindlichen Ohnmachtsanfall zu verhindern.

Nach gemessenem Menschelfaktor nahm ich die Untersuchung wieder auf: »Katharina, davon geht doch die Welt nicht unter. Was wird denn an der Arbeitserlaubnis beanstandet?« – »Sie bringen alles durcheinander«, schluchzte Katharina abermals laut auf und blickte erbost auf den Anmeldeantrag und einen weiteren Stapel höchst offizieller Dokumente, die inzwischen aussahen wie nasse Fetzen, da sie schon zur Beratschlagung durchs komplette Kollektiv der Personalabteilung gegangen waren.

Angelockt vom Absolutionsgewimmer Katharinas eilten nun Tanja und Pjotr ins Vorzimmer und baten lautstark um Einlass. Galina steckte ihren Kopf herein, konnte ihre Freude angesichts der Möglichkeit einer sich nun ausweitenden gemeinschaftlichen Großuntersuchung, gegebenenfalls unter ihrer Mitwirkung, nicht unterdrücken, riss sich dann doch zusammen und fragte mit angemessenem Ernst: »Sind Tanja und Pjotr von der Abteilung Personal zugelassen?« – »Nein, dass sind sie nicht!«, trompetete ich zurück und wandte mich wieder Katharina zu: »Wir werden doch wohl von der Leiterin der Personalabteilung herausbekommen können, was es mit meinem Ausländerstatus auf sich hat. Katja! Meinen Arbeitsvertrag, den fälschen wir nicht, weil wir gar nichts fälschen. Welche Alternativen gäbe es denn?« – »Naja«, sprach Katharina mit Zuversicht, » Sie könnten die Kopie Ihres Arbeitsvertrages unterschreiben.« – »Warum sollte ich das tun?« Tränen schossen ihr aus den Augen. »Katja, was würden Sie machen, wenn ich eine Russin wäre.« – »Den Vertrag fälschen.« – »Und wenn das nicht ginge?« – »*Wsjatka*«.

Am Abend saß ich mit Natalja zusammen, die schon vom Kollektiv und Katharina selbst ausgiebig über meinen »Ausweisungsfall« informiert worden war. Sie schmunzelte: »Mach dir keine Sorgen. Ich geh morgen mal da hin. Da will es sich jemand gut gehen lassen.«

Ungewöhnlich schnell konnte Natalja auf dem Amt am nächsten Vormittag, Mittag und Nachmittag die Rechtmäßigkeit meiner Unterlagen verhandeln. Ganz beiläufig hatte sie der Tochter des Bürovorstehers einen Praktikumsplatz offeriert. Ich durfte im Land bleiben, ja bekam sogar eine Verlängerung meiner Arbeitsgenehmigung. Als das ersehnte Dokument ausgestellt war, erschien Katharina wieder in staatstragender Pose. »Hier unterschreiben.«

In Russland weiß man, dass der Amerikaner von der Brücke in den Fluss springt, wenn auf dem Grund ein Koffer mit Geld liegt. Der Franzose springt, wenn eine schöne Frau im Wasser schwimmt. Der Russe springt, wenn ein Schild verkündet: Springen hier verboten! Spielregeln werden gemeinhin nicht hoch geachtet. Weiß man doch nicht, wann und mit welcher Härte sie durch die Obrigkeit angewendet werden. Um der Tücke zu begegnen, reagieren die Untertanen mit kindlichem Verhalten, einer Mischung aus Unselbstständigkeit und Spontaneität.

Olga hat ganze sieben Tage im Krankenhaus gelegen. Die Freude stand ihr ins Gesicht geschrieben, da sie endlich wieder bei uns war. Ach, die herrlichen Blumen, die unwiderstehlichen Süßigkeiten: »Sehen Sie nur. Ich habe zugenommen«, lachte die Genesene. Galina wagte sich als Erste vor. »Was war denn eigentlich los?« Olga, dankbar ob der drängenden Neugier, gab sogleich bereitwillig ihre Geschichte preis und riss zum Beweis ihren Pullover hoch. Unter Pflastern verbargen sich tatsächlich zwei fingernagelgroße Löcher. »Ich habe Blutungen gehabt«, senkte sie die Stimme und kassierte ein vielsagendes Nicken vom Frauenchor. »Schwieriger Fall, hat der Doktor gemeint«, zog Olga den Horrortrip im heimischen Krankenhaus in die Länge und fügte ein verschwörerisches »Koryphäe« hinzu, während sie die Hände in die Luft warf. »Und dann bist du offensichtlich mikrochirurgisch operiert worden«, mischte ich mich in die sakrale Runde, »nur sind die Löcher nicht anständig vernäht worden.« »Nein«, rief Olga aus, »operiert worden bin ich nicht«, als wollte sie sagen, dass die Sache so einfach nicht war. »Der Doktor hat gesagt, wir müssen zwei Löcher machen, damit das Blut abfließen kann«, fügte sie stolz an und blickte, um Anerkennung heischend, in die Runde. »Aber du hast doch schon ein Loch«, versuchte ich mich im Kampf um die Logik, schämte mich aber sogleich, da Olga plötzlich wie ein Pferd guckte und munterte sie mit einem »Wie ist denn die Diagnose?« auf. »Diagnose hat er nicht gemacht. Aber ich darf ein Jahr keinen Alkohol trinken und keine salzigen Sachen essen.« Da Olga nun im Rang einer Partisanin stand, gab ich mich geschlagen.

Olgas Löcher im Bauch, Irinas Migräne, die als Wasserkopf diagnostiziert wurde, oder Nataschas ominöse Hautkrankheit, die ihr, vom Arzt bescheinigt, nur erlaubte, im Dunkeln zu arbeiten, obgleich sie aber am helllichten Tage zu eben diesem Arzt zur Behandlung kommen musste: Die Wirklichkeit erscheint närrisch. Daher hält der Normalrusse Normen schlicht für nutzlos. Das gilt dann auch für regelmäßigen Sitzungen, Protokolle oder Berichte, die man einfordert. Solche westlichen Steuerungsmaßnahmen sind in den Augen der Inländer der reine Unsinn. Man ist mehr mit der Selbstverteidigung und Bewältigung von spontan auftretenden Konflikten beschäftigt als mit Planung und Disziplinierung.

»Der Schlüssel vom Safe ist weg!«, stürzte Julja durch die Tür. Entsetzen kroch in uns hoch. Es ging nicht ums Geld. Zwar lagerte im Safe ein kleines Bündel Bargeld für Notfälle, doch das war zuwenig zum Leben und zuviel zum Sterben. Schließlich durfte man auch keine Mengen horten – Schwarzgeldgefahr. Aber Papiere lagen da, Dokumente, mit denen sich im Land der Intrige eine Menge

Unfug anfangen ließ. Es lag auf der Hand: Einer der Mitarbeiter plante Übles. »Wer?«, fragte ich im dauerparanoiden Wahn, der den gemeinen Ausländer im Russenland begleitet. »Oksana. Eindeutig«, taktete Julja zurück. »Motiv?«, schnitt ich durch die Luft. »Zuwenig Bonus«, schallte es zurück. Besagte Oksana saß im Nebenraum und hatte vorgegeben, heute mal länger zu arbeiten. Eine besonders listige Variante. Denn so konnte sie am späten Abend ungestört den Safe ausräumen. »Oksana hin, Oksana her, wir müssen den Safe öffnen lassen und die Papiere in Sicherheit bringen. Ruf bitte einen Schlüsseldienst.« – »Schlüsseldienst«, spöttelte Julja. »Es ist elf Uhr am Abend. Kein Russe, der Gutes im Sinn hat, sitzt jetzt noch im Büro«, flachste sie, sich selbst ausnehmend. »Dann ruf einen Amerikaner«, lautete mein letzter Befehl, bevor ich zum Georgier rüberging. Nach einer Pasta und einer Stunde war ich zurück in Juljas Kabinet, um mich nach dem Fortgang der Ereignisse zu erkundigen. Dort saßen ein schweißnasser Jurij und eine erschöpfte, aber zufriedene Julja im Kalksteinnebel. Bei den Amerikanern war keiner ans Telefon gegangen. Da hatten sie mit dem Vorschlaghammer ein Loch in den Safe gehauen.

Der gesunde Menschenverstand ist ganz allgemein ein schwieriges Feld und zeigt mitunter eigentümliche Facetten.

Meine Haustür war kaputt. Ich rief Galina an und bat sie, mir zu helfen. »Kein Problem. Boris kann das machen. Ich schicke ihn gleich rüber.« In seiner grünen Montur mit Bart und einer in die Stirn gezogenen Mütze erkannte ich ihn sogleich wieder. Boris war unser Faktotum, erledigte kleinere Reparaturarbeiten in der Firma, hing Bilder auf, half Schränke tragen. Meine Erinnerungen an die Resultate seiner Arbeit waren nicht die besten. Doch wer in Not ist, zaudert nicht. »Boris Nikolajewitsch, das Schloss funktioniert nicht mehr, bitte sehen Sie sich das an.« Boris rezitierte erst einmal ausgiebig Puschkin und fragte mich dann lächelnd, ob ich den Text denn kannte. Nein, natürlich nicht: »Wunderschön, sehr beeindruckend. Ich bin in Eile, könnten Sie sich nun die Tür ansehen?« Sein Gesicht verdunkelte sich. Beleidigt wandte er sich der Tür zu, schob die Mütze ins Genick, kratzte sich die Stirn und schwieg. Nach etwa einer halben Stunde sah ich nach dem Rechten. Boris saß auf einem Stuhl, die Mütze noch immer im Genick, und schaute auf das nun ausgebaute Schloss. Dann hin zu dem großen Loch, das in der Türe klaffte. Er wirkte wie jemand, der im Begriff ist, ein Welträtsel zu lösen. »Nu«, sagte er, »sehr schlechtes Schloss haben Sie da. Sehr schlechte Arbeit.« – »Aber das Schloss haben Sie doch gekauft und eingebaut. Drei Monate ist das her!«, schleuderte ich ihm meinen Unmut entgegen. »Das Schloss ist schlecht«, trotzte er, »ich muss in die Stadt fahren und ein neues kaufen.« Viereinhalb Stunden später war er zurück. Sichtlich entnervt, sah er mich klagend an: »Ich habe ein neues Schloss.« – »Na dann bauen Sie es ein.« Gegen Abend, mein Not-Büro war inzwischen in die Küche verlagert worden, Galina saß an einem Tisch im Wohnzimmer und Kuriere trafen ein, rief Boris nach mir. Zwei Schlösser lagen jetzt neben ihm. In der Tür klaffte das Loch. »Das neue Schloss ist auch schlecht. Nicht zu gebrauchen«, konstatierte er kopfschüttelnd. »Ja, aber wie stellen Sie sich das vor? Ich brauche ein Schloss in meiner Tür und kein Loch.« Sagte Boris: » Dann müssen Sie sich eine neue Tür kaufen.«

Der Kampf mit der Alltagslogik braucht also Kraft. Man strauchelt durchs Leben, versucht den Einschlägen des Klimas, der Obrigkeit und denen der Mitmenschen auszuweichen. Aber nicht, der Sache auf den Grund zu gehen. Das nämlich macht gar keinen Sinn.

»Verehrter Kunde, Sie haben nur noch 25 Rubel auf Ihrem Konto. Zahlen Sie so sofort ein!«, forderte mich MTS, mein russischer Telefonanbieter per SMS auf. Entnervt rief ich Darija von meinem südfranzösischen Hotel aus an und fragte nach, warum mein Telefonkonto leer sei; ich hätte ihr doch aufgetragen, eine große Summe einzuzahlen. Schließlich hatte ich während meines Urlaubs einen recht unangenehmen Arbeitsrechtsfall mit unseren Anwälten zu klären und brauchte daher einen komfortablen Vorschuss. »Ja natürlich«, schepperte es durch die schlechte Verbindung aus Moskau, »wir haben es aufgefüllt. Ich kläre das und rufe zurück.«

Eine neue SMS von MTS erreichte mich. »Verehrter Kunde, Sie haben derzeit 60 000 Rubel auf Ihrem Konto. Nehmen Sie an unserer Lotterie teil. Zu gewinnen sind eine Reise nach Sotchi und ein Auto.« Kurz danach hatte es Darija wieder aus der Hauptstadt durch die Leitung geschafft. »Wir können MTS nicht erreichen. Da geht keiner ans Telefon. Olga fährt jetzt mit dem Bus hin und fragt nach.«

Nur ein paar Minuten später hatte ich wieder eine freundliche, nun aber unmissverständliche Nachricht von meinem Telefonanbieter: »Verehrter Kunde, Sie haben nur noch zehn Rubel auf Ihrem Konto. Zahlen Sie umgehend, sonst schalten wir ab.« – »Darija!! Die schalten ab! Das BlackBerry ist viel zu teuer nach Russland. Ich brauche ein funktionierendes russisches Handy!« – »Olga steckt im Stau.«

»Verehrter Kunde, wir gratulieren Ihnen zum Gewinn des zweiten Preises. Eine Kiste Saft. Holen Sie das Paket umgehend ab.« – »Olga sagt, MTS hat sich geirrt. Sie haben 35 000 Rubel auf dem Telefonkonto«, dröhnte Darija durch die Leitung.

»Verehrter Kunde, wir schalten Ihre Verbindung jetzt ab. Wenn Sie einen neuen Vertrag schließen möchten, wenden Sie sich an unser Haupthaus in der Smolenskaja Straße.«

Wsjo ponjatno? –
Alles verstanden?

Wenigstens war ich überzeugt davon, mir in den ersten zwölf Monaten eine Reihe ansehnlicher Meriten verdient zu haben. Den ersten Angriff der Steuer hatte ich ohne Kollateralschaden gemeistert, lustige Anfragen seitens der Behörden in puncto Papierschlacht nahm ich inzwischen gelassen, der tägliche Nahkampf mit der Logik war zugegebenermaßen kräftezehrend, konnte aber auch amüsant sein, und in Fragen der Durchsetzung hatte ich mir einen Ruf erworben, der dem russischen »sie ist hart aber gerecht« nahekam. Sogar der absolute Höhepunkt in einem Ausländerleben war mir geglückt. Während einer schleppenden Telefonkonferenz mit dem Mutterhaus in Deutschland hatte ich vehement gegen die Durchsetzung einer Neuerung protestiert, die mir in der russischen Kultur nicht praktikabel erschien. Nach dem Hin und Her legte ich erschöpft den Hörer auf die Gabel. Natalja, die mir assistiert hatte, sah mich feierlich an. Stummer Beifall toste zu mir herüber, und sie erklärte mit einer Träne im Auge: »Jetzt haben Sie das erste Mal ›wir‹ gesagt!« Die unerhörte Neuigkeit verbreitete sich im Nu durch die Gänge: »Sie hat ›wir‹ gesagt! Sie hat ›wir‹ gesagt!«

Wsjo ponjatno? – Alles verstanden? Assimilation geglückt? Ich war selbst ein wenig erschrocken. Denn Leute wie uns nennt man Expats. Kommt von dem lateinischen »ex« und »patria«. Aus dem Vaterland heraus und hinein in ein anderes. Für begrenzte Zeit. Deshalb heißt diese Spezies umgangssprachlich auch gerne Migrant. Diejenigen, die sich eben nicht assimilieren, da sie nach Ablauf ihres Vertrages in die Heimat zurückkehren. Die meisten Expats leben daher in Moskau in sogenannten Compounds, umzäunten, schwer gesicherten Wohnenklaven, in denen es dann auch betont unrussisch zugeht. Die mitgebrachte Kultur dient dem Selbsterhalt. Man klammert sich fest an die eigene Identität. Ich hingegen wurde immer russischer. Meine Absätze erreichten gegen Ende des ersten Jahres ganze sieben Zentimeter. Am Abend legte ich noch einen drauf. Ehrensache. Denn die russische Frau zeigt sich im Nachtleben wie in der Arbeitswelt als kühne Wilderin. Bereit, jederzeit zum Sprung anzusetzen und ihrer wahren Bestimmung zum Durchbruch zu verhelfen. Sie signalisiert permanent, sämtliche Sexualpraktiken beherrschen zu können. Sie kann jede Rolle. Lolita, lüsterner Vampir, wehrloses verwundetes Reh, alles im Programm. Bitte bedienen Sie sich! Da nicht ausreichend männliches Material vorhanden ist, das den Ansprüchen genügt, hat die russische Verführerin auch eine sehr pragmatische Seite. Sie kann sich selbst erhalten. Ein mörderischer Arbeitstag, Ewigkeiten unwirtlicher An-und Abreise, zu Hause für das Einkind kochen, die Wäsche besorgen, am selbst entworfenen Kostüm nähen, die Fingernägel lackieren und rein ins Nachtleben – die russische Frau kann ranschaffen. Sie ist eine Kriegerin.

Wie gesagt, es stellten sich einige Veränderungen bei mir ein. Von der Kriegerin zwar noch weit entfernt – schließlich war ich Europäerin und damit ganz auf den Ritterkult geeicht, der ja bekanntlich in der russischen Geschichte nicht stattgefunden hat – wurden die Röcke doch kürzer, das Kostüm gewagter. Es gelang mir sogar, mich in einer höchst eigenen und halsbrecherischen Kunst russischer Weiblichkeit zu bewähren. Ich war in der Lage, im Winter meine Siebenzentimeter-Highheels in die Eisplatten auf dem Trottoir derart geschickt und blitzschnell hineinzuhacken, dass ich erstens nicht ausglitt, zweitens mir einen divengleichen, elastisch-federnden Gang bewahrte und drittens das Unmögliche wahr werden ließ: mit hocherhobenem Kopf beifallheischend auf das neben mir stürzende und strauchelnde Fußvolk herabzublicken. Das nämlich bedient sich in der Regel der sowjetischen Niederbück-Sprungtechnik, die durch geschicktes Hüpfen versucht, Eisbergen und Asphaltseen auszuweichen.

Im Ganzen gesehen wurde ich also weiblicher. Das machte Sinn, da Frauen im Land der Zaren geschätzt werden. Dies bewies eine Taxifahrt. Wir schwatzten ein wenig über Stalin und die Deutschen, da erwähnte ich, dass ich über 40 sei. Ein glühender Aufschrei des Fahrers und ein freudiges: *Balsakowskij Wosrast*! ließ mich eiligst nachfragen, wie das denn gemeint sei? Naja, die Frau sei eben im Balzac'schen Alter am schönsten, so vor dem letzten Aufblühen. Kritisch fragte ich an, wie lange denn dieses letzte Aufblühen seines Erachtens so andauere. Schließlich habe Balzac zu seiner Zeit doch das Verfallsdatum der Weiblichkeit auf 25 bis 30 eingegrenzt. Ergo lag die letzte Blüte schon weit hinter mir. Schmunzelte der Fahrer durch den Rückspiegel zurück: »Nu, man merkt es am Duft. Er ist es, der einen niederstreckt. Unvergleichlich! Unvergleichlich!«

Die russische Kultur sickerte bei mir sozusagen ungeschützt ein. Ich hatte mich nicht, wie so viele Expats, abgeschottet. Verfügte weder über den Schutzwall westlicher Nachbarschaft, noch war ich umringt von bewaffneten Feiertagsmilizionären, die einen von allem Einheimischen fern halten sollen. Meine Wohnung lag mitten im Zentrum, in der Twerskaja Straße, unweit des Puschkin-Platzes. Ein gewöhnliches Nomenklatura-Haus. Nach dem Eintritt durch die Haustür musste man die *Deschurnajas* überwinden. Die russische *Deschurnaja* ist so etwas wie das Pendant zur französischen Concierge. Allerdings stellen die *Deschurnajas,* im Gegensatz zur geschwätzigen und im Ernstfall nicht zu gebrauchenden französischen Variante, lebende Waffen dar. Gestählt durch die Sowjetzeit, ausgestattet mit einem hochsensiblen Radar für sämtliche noch so unmerklichen Bewegungen fremder Subjekte. Eine russische *Deschurnaja* schlägt jeden Feindling in die Flucht. Vergessen Sie die Miliz. Völlig unbrauchbar. So konnten ich und meine russischen Nachbarn in der Nacht ruhig schlafen. Während unten in der Halle die großbrüstigen Löwinnen auf der Lauer lagen. Bereit, alles für uns zu tun.

Verderben sollten Sie es sich allerdings nicht mit einer *Deschurnaja.* Das kann erhebliche Schäden mit sich bringen. Ich stellte einmal fest, dass Lilja sich sehr für meine Post interessierte. Nachdem ich sie erwischt hatte, wie sie durch den Briefschlitz des kleinen metallenen Postkästchens nach dem lockenden Papier fingerte, änderte sie die Strategie und hebelte das kleine Metalltürchen an der oberen Ecke auf, um so zügiger an Informationen zu gelangen und bei Gefahr schneller den Rückzug antreten zu können. Als ich endlich nachfragte, wer denn mein Brieftürchen aufgebogen hätte, schließlich säße sie ja den ganzen Tag mit ihrer Nase direkt davor, war Lilja schwer gekränkt. Welche Konsequenzen die unbedachte Nachfrage hatte, zeigte der Zustand meines armen Briefkästchens am folgenden Tag. Lilja hatte ganz einfach die Tür herausgerissen. Von nun an gab sie mir die Post persönlich.

Auch in Fragen der Kommunikation mit dem häuslichen Festanschluss war ich inzwischen voll russifiziert. Zunächst eine leidvolle Erfahrung. Denn das russische Fernmeldewesen kann wirklich jeden abhören, aber die gewöhnliche Telefonverbindung zwischen zwei Haushalten ist ein Mysterium. Blindgänger, die wildfremde Leute unverschuldet permanent am Abend zur eigenen Nummer durchstellen, sind das Eine. Die typisch russische Reaktion des Irregeleiteten das Andere. Verlangt die kultureigene Etikette am Telefon zunächst ohnehin ein grundsätzlich extrem ruppiges Verhalten, so werden Sie vom selben Menschen, nachdem Sie ihm mitgeteilt haben, dass er falsch verbunden sei, mindestens noch sechs Mal hintereinander im zwei-Minuten-Takt angeklingelt. Immer wieder der gleiche militärische Dialog: *Allo?* (»Hallo?«) – *Sluschaju Was.* (»Ich höre.«) – *Eto Quartira?* (»Ist das eine Privatwohnung?«) – *Da.* (»Ja.«) – *Iriny njet?* (»Ist Irina nicht da?«) – *Njet. Wy oschibilis.* (»Nein. Sie sind falsch verbunden.«)

Nun hielt ich das verzweifelte Dauerwählen für nicht ganz unlogisch. Da man schließlich, vorausgesetzt, man hat die richtige Nummer gewählt, nicht weiß, wann einen die Obrigkeit an den richtigen Anschluss leitet. In Russland hilft man sich selbst. Also lernte auch ich den für solche Fälle unschlagbaren Code anzuwenden. *Allo?* (»Hallo?«) – *Sluschaju Was.* (»Ich höre.«) – *Eto Quartira?* (»Ist das eine Privatwohnung?«) – *Njet. Eto rastschjotnaja zentr. Wy usche saplatili sa gorjatschuju wodu?* (»Nein. Das ist das Abrechnungscenter. Haben Sie schon für das heiße Wasser bezahlt?«) Für mindestens die nächsten drei Stunden haben Sie Ruhe.

Selbst das Gypsie-Fahren klappte wie geschmiert. Zwar hatte ich einen treuen Fahrer, Jurij. Doch nutzte ich ihn nicht immer. Müde von den Einkäufen am Wochenende nahm ich mir der Einfachheit halber oft ein Gypsie. Gypsies sind Privatleute, die mit ihrem Automobil gerne einen Umweg in Kauf nehmen, um sich ein Zubrot zu verdienen. Da man die Gypsies weit einfacher und effektiver direkt an der Straße anhalten kann, als ein offizielles Taxi zu bestellen, ist dies eine komfortable Sache. Rufen Sie hingegen einen Taxi-Service an, ist es nach zahllosem Hin- und Her-Rufen und dem Austauschen mehrerer Handynummern mit der Zentrale noch nicht ausgemacht, dass der Fahrer Sie auch erreicht. Entschließt der sich überhaupt, nach Annahme des Auftrags die Route zu Ihnen in Angriff zu nehmen, ereilen Sie mehrfach Nachfragen aus dem Headquarter, ob Sie denn schon im Taxi säßen. Nein, Sie sitzen noch nicht im Taxi. Und der Fahrer ist auch noch nicht aufgetaucht. Sie müssen das investigative Gespräch mit der Zentrale, wo denn der Fahrer abgeblieben sei, leider abbrechen, da ein Anruf hereinkommt. Es ist der Taxifahrer, der einigermaßen erzürnt fragt, wo denn nun die bestellte Adresse, Twerskaja Ecke Wasiljewskaja, liegt. Na, eben an der Ecke Wasiljewskaja, trompeten Sie zurück. Der Fahrer hat aufgelegt. Inzwischen hat die Zentrale mit der *Deschurnaja* Kontakt aufgenommen, da die sich noch aus der Pionierzeit *Allzeit bereit!* kennen, und die Sachlage erörtet. Ab jetzt halten nicht nur Sie von oben aus der Wohnung Ausschau, wo der Fahrer bleibt, auch die *Deschurnaja* späht draußen vor der Tür, ob es Neuigkeiten gibt. Endlich meldet sich wieder der Taxifahrer, er steht jetzt an der Ecke Malaja Bronaja, »Wo bleiben Sie denn?«

Sie geben auf, hetzen die Stockwerke hinab, greifen sich im Spurt den Regenschirm, den Ihnen die *Deschurnaja* entgegenhält – und raus auf die Sechsspurige. Nach 15 Minuten Dauersprint entlang einer der endlos langen Chausseen, völlig durchnässt und am Strumpf verdreckt, erreichen Sie endlich ein gänzlich vom Straßenstaub eingehülltes Gefährt mit dem von der Zentrale kassiberten Kennzeichen. Dankbar öffnen Sie die Tür. Der Fahrer sitzt im Wagen und schläft.

Daher ist das Gypsie eine gute Sache, vorausgesetzt, Sie können ein wenig Russisch. Im Gegensatz zum klassischen Expat, dessen out-of aera-Einsätze sich auf die ausländischen Delikatessen-Shops oder Restaurationen *only for expats* beschränken, hat der unerschrockene Partisan mittels seiner Sprachkenntnisse den entscheidenen Vorteil außerordentlicher Nahkontakterlebnisse.

Es waren fünf oder sechs Minuten vergangen, und schon knatterte ein Gypsie der Marke Schiguli heran. Die Preisverhandlungen brachten wir zügig hinter uns. Ich schmiss meine Einkaufstüten auf den Rücksitz, und wir rollten in der Blechlawine die Twerskaja stadtauswärts. Der Schiguli ist kein Auto, sondern eine fahrbare Pappschachtel, was die Unterhaltung leicht macht. Denn obwohl man sich völlig fremd ist, stellt sich direkt nach dem Hineinwuchten in die Enge das Gefühl ein, man sei Teilnehmer einer waghalsigen Expedition, in der Fahrer und Beifahrer eine Art

Schicksalsgemeinschaft eingehen. Das Radio dröhnte in unsere Gesprächsfetzen über den Schnee und den zu erwartenden Frühling. Mein Kompagnon war angetrunken im Schweregrad der Euphorie und daher überaus gesprächig. Nach vorneraus war nicht viel zu sehen, da die Windschutzscheibe im Inneren mit Stofftieren zugebaut war. So schunkelten wir im Dauerstau auf die Höhe des Majakowskij-Denkmals und nahmen endlich nach einer Stunde Tempo auf, da sich von hier ab der Verkehr lichtete. Igor, bereits 85, wie sich inzwischen herausgestellt hatte, legte den dritten Gang ein und gab der Schachtel Saures. Wir flogen über die Chaussee, die Stofftiere zitterten, Igor jauchzte. Halsbrecherische Spurwechsel, waghalsige Manöver brachten uns schließlich im Sturzflug und nach einer dramatischen Vollbremsung nach nur zwei Stunden Fahrzeit bis vor meine Haustüre. Der Schiguli rauchte. Bedenkliches braute sich unter der Motorhaube zusammen. Auch Igor, anfänglich noch dem Fahrtrausch nachsinnend, sah endlich die Entwicklung mit einer gewissen Skepsis. Mir schien, dass sich selbst unter den Stofftieren Entsetzen breit machte, als im Nebel vor uns plötzlich die Gesichter dreier Georgier auftauchten. »Die kenn ich!«, rief ich entwarnend rüber zu Igor. »Das sind die *Grusin* aus meinem *Produkti*-Laden.« In einem transnationalen Kraftakt, ich im Pelzmantel, Igor im sowjetischen Zweiteiler, die Georgier in Hemd und Hose, hebelten wir die Pappschachtelkühlerhaube auf. Heißer Dampf schlug uns in die Gesichter. »Darauf ein Bier!«, rief einer der Georgier freudig, schließlich sei ja niemand zu Tode gekommen. »Auf das Leben! Prost!«

Meine zunehmende Russifizierung hatte also zum Ergebnis, dass ich nur so strotzte vor Anpassung. *Wsjo pon-*

jatno? Alles verstanden? Es waren Räuber-und-Gendarm-Spiele. Ich hatte gelernt, wo man hinsehen und wo man wegsehen musste, ich stritt mit den Chefredakteuren über die Vergangenheit und Zukunft Russlands, entglitt elegant dem *Druschba*-Druck. Olgas Löcher im Bauch waren zugewachsen. Sie war standhaft und aß keine salzigen Sachen. Anna Politkowskaja, die unweit von mir wohnte, war im Aufzug ermordet worden. Eine Kollegin lag mit dem Messer im Rücken in ihrer Datscha. Am Puschkin-Platz schlugen sie die Demonstranten. Und ich hatte eine neue Tür mit Alarmanlage. Ein ereignisreiches Jahr. Ich wusste, wo Freund, wo Feind war. Und irrte mich gewaltig.

Wolja –
Eine ganz besondere Form der Freiheit

Hineingewurzelt ins russische Leben. Zugegeben, die Umstände waren nicht komfortabel. Sieben Monate im Jahr ist es dunkel. Licht bekommt man nur von Mai bis September. Auf den Frühling warten die Russen noch heute. Wie auf so vieles. Dafür wird er in der Poesie besungen. So ist das Lebensgefühl im Zarenland auch nicht eben leichtfüßig. Der russische Mensch wütet gegen sich selbst. Steht sich und den anderen im Weg. Klima und Mensch im Großen und Ganzen sind unwirtlich. Aber – man kann sich arrangieren.

Dann passierte die Sache mit Oleg. Oleg Iossifowitsch stellte sich im März 2007 als ordentlicher, fleißiger junger Mann vor. Einer, der es zu etwas bringen wollte. Er bekam den Job. Die eine und andere Rückfrage, wie er sich denn machte, brachte durchweg Lobenswertes, ja sogar die Hoffnung, er sei einer aus der neuen Generation von jungen Russen, die zwischen den Kulturen, zwischen Ost und West, zu vermitteln vermögen. Doch dann zeigte Oleg Auffälligkeiten. Zur Arbeit erschien er immer unregelmäßiger, kam zu spät oder war anwesend, aber nicht bei der Sache. Ja, er wurde zusehends apathisch. Der Bart wuchs, erste Anzeichen von Verwahrlosung waren unübersehbar.

Oleg sprach nicht mehr. Es schien, als wäre seine Seele gefangen. Nachfragen – zur Familie, der Freundin, zu seiner Gesundheit oder finanziellen Lage – brachten keinen Aufschluss. Und dann war er weg, der Oleg. Er kam nicht mehr. Als auch Natascha aus der Marketingabteilung spurlos nach dem Mittagessen verschwand und schließlich der 50-jährige Pawel aus der IT-Abteilung nach einer morgendlichen Sitzung das Weite suchte, kam ich ins Grübeln. Auf meine Nachfragen, was es denn mit den mysteriösen Abgängen auf sich haben könnte, erntete ich nur Achselzucken. Schließlich bat ich Natalja in mein Büro und um die Lösung des Rätsels. »Ach, die haben *Wolja* gemacht«, sagte sie und grinste.

Die Neigung zur radikalen Konfliktlösung hat Tradition. Und Tradition wird in Russland gelebt. Das wusste ich inzwischen. Und dass dieses *Wolja* offensichtlich etwas sehr Radikales war, lag auf der Hand. Den Russen bringt das nicht aus der Ruhe, denn er weiß, worum es sich handelt.

Ich hingegen recherchierte. Und fand einen Hinweis auf einen Fall, der sich in der Moskauer High Society abgespielt hatte. 2004, so las ich, verließ der äußerst erfolgreiche russische Geschäftsmann German Sterligow, erster Millionär der post-sowjetischen Zeit, mitsamt seiner Familie die Rublowskaja Chaussee in Moskau. Flucht aufs Land. Kenner wissen, in der Rublowskaja wohnen Wladimir Putin und andere zu Geld Gekommene. Auch Sterligow hatte sein Glück mit verschiedenen Geschäften gemacht. Sicher ist nur, seine Firma brachte ihm ein Schloss in Burgund, Immobilien am Roten Platz und an der Wall Street ein. Die Gründe seiner schlagartigen Mittellosigkeit bleiben im Dunkeln – was den Russen auch nicht wundert. »*Bywajet*«, sagt man, was so viel heißt wie: »Passiert halt.«

Dass er als Präsidentschaftskandidat gegen Putin kandidierte, besiegelte wohl sein Schicksal.

Zunächst nahm German herrenloses Land in Besitz. *Dem russischen Bauern gehört das Land, denn es ist Gottes Land und nicht das des Zaren.* Er baute sich im Dörfchen Nischneje Wassiljewskoe eine Festung mit Schießscharten und allem Drum und Dran. Mit Patriarchenbart liest er nun Abend für Abend im *Domostroj*, das wahrscheinlich Mitte des 16. Jahrhunderts verfasst und später zum Straßenfeger wurde. Das altrussische Hausbuch aus den Zeiten Iwans des Schrecklichen beschreibt, wie Mann und Frau es mit der Religion, den Pflichten und der Moral halten sollten. So hat heute die Ehefrau des German Sterligow ihre Mahlzeiten alleine einzunehmen, sich ansonsten um das Vieh zu kümmern und die Ikonen in einwandfreiem Zustand zu halten. Vor ein paar Jahren war sie noch eine der Frauen, die Kaviar-Partys in der Millionärsmeile Moskaus schmissen. *Bywajet*!, sagt der Russe.

Die Realitätsflucht ist eine typisch russische Charaktereigenschaft. Im modernen Russland stellt sich dieser Hang zum Utopischen oft als Zivilisationsflucht dar. Es handelt sich allerdings nicht um das, was wir unter »Ausstieg« verstehen: einfach mal frei zu sein. Für den russischen Zivilisationsflüchtling sind die Dinge komplizierter. Sie sind religiös und historisch begründet. Im Falle von Oleg und Sterligow könnte es sich um Altgläubige *(Raskolniki)* handeln. Davon gibt es in Russland derzeit rund drei Millionen, etwa drei Prozent der Bevölkerung. Oder es handelt sich um *Wolja*, einer ganz besonderen Form russischer Freiheit. Denn eine bürgerliche Freiheit ist *Wolja* nicht. *Wolja* ist vielmehr die Abwesenheit von Zwängen, eine nomadische Freiheit: in der Steppe Reiten, Fischen, Jagen und Plündern. *Wolja* kennt keine Restriktionen durch Anerkennung der Freiheit anderer (Geoffrey Hosking). *Wolja* ist brutal.

Und wiederum stehen die Kosaken Pate. Denn machte ein junger Mann *Wolja*, dann stieß er zu eben diesen »freien Männern«. Draußen in der Steppe, dem »wilden Land« (*Dikoe Pole*), lebten die Kosaken zu Beginn des 16. Jahrhunderts als Teil der zersprengte mongolischen Goldenen Horde; sie hatten sich zwischen Dnjepr und Don angesiedelt, waren oft geflüchtete Bauern oder auch verfolgte Landbesitzer, die sich ungerecht behandelt fühlten, schlicht die mühsame Feldarbeit als nutzlos erachteten und sich jeder Hierarchie entzogen. Unzufrieden mit den Verhältnissen, flüchteten und plünderten sie und verdingten sich als Söldner. Fragen Sie heute einen Russen, was *Wolja* wörtlich meint, wird er Ihnen das Mysteriosum mit »Wille« übersetzen und dabei vielsagend blicken. Denn er weiß, was gemeint ist: frugale Durchsetzung des eigenen Willens ohne Rücksicht auf Andere. Ad hoc. Alles hinter sich lassen. Weg, nur weg. Dahinter stehen konkrete Zwänge, die als unerträglich empfunden werden. Im Arbeitsumfeld können das Unzufriedenheit mit der Hierarchie (niedrige Boni, weiße Gehälter, unregelmäßige Gehaltsauszahlungen, keine mitmenschliche Hilfe im Katastrophenfall), dauerhafter Arbeitsdruck (Pünktlichkeit, Einfordern von Ergebnissen, Übernahme von Verantwortung, regelmäßiges hohes Arbeitspensum) oder das eigene Arbeitskollektiv (Stimmung, Gemeinschaft mit den Kollegen) sein.

Was bei uns eine Eskapade des Wohlstandsbürgers ist – das Aussteigen – kommt in Russland existentiell daher. Der Flüchtende ist der Gesellschaft, dem Unternehmen oder seinem Kollektiv entfremdet. So wie das Mitglied der altrussischen dörflichen Gemeinschaft die Härte der Lebensbedingungen nicht ertrug, bricht er aus und stößt blitzartig zu einer neuen Dorfgemeinschaft, einem neuen Kollektiv. Das heißt in Olegs Fall: Er verlässt im Sturm das Unternehmen und geht zum Wettbewerber. Oder er reitet »in die Steppe«, verschwindet einfach und nimmt eine Auszeit. Dahinter steht nicht die Suche nach dem Glück, die den westlichen Individualisten leitet. Die russische Auszeit ist kein wohl geplantes Sabbatical, das sich der gestresste Westler vertraglich absichern lässt. Es ist der Ernstfall. Die überstürzte Antwort auf den Konflikt. Der Neubeginn, der sich ganz dem Schicksal ergibt. Denn Freiheit hat in der russischen Kultur nichts mit Verantwortung zu tun, vielmehr mit deren Abwesenheit (Kerstin Holm). Vergessen Sie also Kündigungsfristen. Versuchen Sie nicht, den Mitarbeiter zu überzeugen, gar herauszufinden, warum er Ihre Firma fluchtartig verlassen will, wenn Sie ihn überhaupt noch zu Gesicht kriegen. Sie werden weder Näheres erfahren, noch werden Sie ihn aufhalten können.

Wolja als modernes Konfliktlösungsmodell ist in Russland präsent. Schließlich lebt man hier seit langer Zeit mit einer gespaltenen Identität. Astolphe de Custine, der Tocqueville des Ostens, verspottete 1839 die Russen, sie versteckten unter einem europäischen Anlitz ihre zutiefst asiatische Natur. Auch der Historiker und Reiseschriftsteller, Nikolaj Karamsin, wies darauf hin, welche Unsicherheit seine Landsleute in ihrer europäischen Identität verspürten. Aus seiner Sicht adaptierten sie westliche Manieren und Konventionen; europäische Werte erreichten ihre mentale Welt jedoch nicht.

Blickt man in die Geschichte, erschließt sich das Dilemma. Die für die Entwicklung des Westens so bedeutsame Papstrevolution, mit der Papst Gregor VII. im 11. Jahrhundert das Verhältnis von geistiger zu weltlicher Gewalt zu seinen Gunsten entscheiden wollte, legte den Grundstein für einen dauerhaften innerweltlichen Dualismus. Die bald danach sich vollziehende Trennung von geistlicher und weltlicher Welt, dann von fürstlicher und ständischer Gewalt, führte zu zwei Rechtssystemen, dem kirchlichen und dem weltlichen Recht. Dies ermöglichte die Entstehung von Pluralismus und damit die Entfaltung von Widerspruch. Hätte eine der beiden Seiten den Konflikt dauerhaft für sich entschieden, wäre die europäische Geschichte anders verlaufen. In Russland hingegen fand all dies nicht statt. Kein Aufstieg der Städte und damit eines selbstbewussten Bürgertums, der Adel kein Gegengewicht zum autokratischen Zaren, sondern seine Stütze in der Unterdrückung der Mehrheit der Bevölkerung, der leibeigenen Bauern. Die Kirche eine Staatskirche, williger Erfüllungsgehilfe der Obrigkeit. Während sich im Westen im Spätmittelalter also die grundlegenden Voraussetzungen für die Enstehung eines modernen Staates entwickelten, blieb Russland ganze 250 Jahre fest im Griff der Mongolen.

Auch die Befreiung von der drückenden Mongolenherrschaft durch das aufstrebende Großfürstentum Moskau Ende des 15. Jahrhunderts brachte keinen wesentlichen Zufluss an westlichen Werten. Errichtet wurde ein despotischer Zentralstaat, erst unter Iwan III. und dann unter Iwan IV., dem Schrecklichen, der sich 1547 als 16-jähriger zum ersten russischen Zaren krönen ließ. Im Folgenden wurde die zentral verstaatlichte und unterdrückte Gesellschaft konserviert. Es gab Aufbruchsbemühungen unter Peter dem Großen und Katharina der II. Doch waren die Reformen alle Stückwerk. Eine technische und wissenschaftliche, ja kulturelle Öffnung nach dem Westen gab es zwar, mal mehr und mal weniger, aber eine umfassende Verwestlichung der Gesellschaft fand bis heute nicht statt. Der Schriftsteller Viktor Jerofejew hielt 2008 fest: »Nicht umsonst hat Peter der Große russlandweit eine Maskerade veranstaltet: Er hieß alle europäische Kleider tragen und befahl, die Bärte abzurasieren. Eine einzige Geste des Zaren – und manche Völker halten uns deswegen bis heute trotz allem für Europäer.«

So stehen der konstruktive Widerspruch und auch der Kompromiss als Konfliktlösung heute nicht hoch im Kurs. Die seit 1000 Jahren andauernde Kluft zwischen »denen da oben« und »denen da unten« machen auch der jungen Generation noch immer Verhandlungen mit der Hierarchie schwer. Flucht in die heimelige *Mir*-Welt ist oft das Fazit. Heute wie damals: alleingelassen, drangsaliert und gedemütigt ziehen sich viele Russen zurück in ihre Welt. Im Konfliktfall ist die Flucht der gängigste Handlungsreflex.

Sie werden daher selten die Möglichkeit bekommen, einen Sachverhalt strittig zu diskutieren, um, nach Austausch von Argumenten, zu einem Kompromiss zu gelangen. Denn den Kompromiss kennt man nicht im Zarenland. Jegliche Form von Konflikt setzt beim Durchschnittsrussen schlagartig den Kosaken frei. Kündigungsschreiben gehen so flink auf das Papier, wie unsereins Notizen für die Wochenendbesorgung macht. Unleserlich geschrieben auf gebrauchtem, manchmal zerknüllten Fetzen, wie im Sturm hereingereicht. Nur eines zählt: weg!

Jurij

»Du bist eine Stunde zu spät!«

»Ich war im Krankenhaus bei meiner *Babuschka.*«

»Was ist denn deiner Großmutter passiert?«

»Sie wollte in den *Awtobus* an der *Baumanskaja* in Richtung *Sokol* einsteigen. Da hat sie der Fahrer in die Tür eingeklemmt.«

»Sag ich doch immer, Ihr mit Euren alten ungarischen Bussen. Da kann man einen Kochtopf zerquetschen.«

»Das war es nicht. Der *Awtobus* fuhr los und hat sie mitgeschleift. Bis zur Station *Bakuninskaja* konnte sie sich am Türrahmen festhalten.«

»Jurij, das sind an die drei Kilometer!«

»Ja, sie war schon immer recht sportlich. Aber dann auf den letzten Metern gleich hinter der *Malenkowskaja* hat es ihr das Bein an einem Strommast weggerissen.«

Schantasch – Mongolensturm

Ein Schrei. Eindeutig verzweifelt. Ein ganz und gar unmenschlicher Ton. So beängstigend, dass ich mich erschrocken im Spiegel anstarrte. Nach wochenlangem Abwehrkampf also keine stumme Zwiesprache mehr. Ich war erschöpft, hatte mich komplett vernachlässigt. Der Gewichtsverlust von vier Kilo, der Schlafentzug, die Schmerzen im rechten Bein – all das waren nur Randerscheinungen, die meinen Körper ermüdet hatten. Viel schwerer wog der seelische Druck, der sich in einem durchdringenden Schrei befreien wollte. Beim Blick auf mich sah ich ein Fabelwesen aus einem bösen Märchen. Vorzugsweise eines, das sein Muster aus der Zeit vor 800 Jahren entlehnt hatte. Ich war in eine Art neuzeitlichen Mongolensturm geraten. Unerbittlich und radikal fegt er über einen hinweg. Erst der Überraschungsmoment, dann die Treibjagd. Unterwerfung und Beutezug ist das Prinzip. Blitzartig der Rückzug.

Dabei schien unser Firmenleben so friedlich zu sein. Wohltemperiert. *Hier herrscht ein guter Zar, das Wasser ist frisch. Das Korn wächst.* Ich hatte nach anderthalb Jahren eine gute Mannschaft zusammengestellt. Muntere junge Leute, die ihr Glück machen wollten. Die ersten Maitage ließen lange Mädchenbeine in kurzen Röcken in den Blick geraten, aufgekratzt schwatzten Grüppchen in der Kaffeeküche, gute Laune flatterte durch die Gänge, ja so etwas wie Frohsinn nach den langen dunklen Tagen der vergangenen Monate machte sich breit. *Glück ist nicht von Dauer. Aus dem Nichts taucht mit erbarmungsloser Regelmäßigkeit die Katastrophe auf.*

Ich saß in meinem Kabinett. Früh am Morgen, es war angenehm still. Kein lärmendes Vorzimmer, keine stündlichen Strafmeldungen von irgendeiner Obrigkeit, alle drei Mobiltelefone waren stumm – kein russisches Tempo. Ideal, um die druckfrische Chérie durchzusehen. Olga hatte sie mir noch am Abend auf den Tisch gelegt. Die ersten 13 Seiten hatte ich schon durchgeblättert, amüsiert die gelungene Auswahl der Papparazzi-Bilder betrachtet und das Wer-mit-Wem der Stars überflogen, griff mit der Rechten nach der Tasse dampfenden Kaffee und blätterte mit der Linken um – auf Seite 14: BESLAN! Eine Textstrecke zu jener furchtbaren Geiselnahme einer nordossetischen Schule durch Rebellen im Jahr 2004, die – bei der brutalen Befreiung durch die russischen Staatskräfte – in einem fürchterlichen Blutbad endete. Seite 18, eine neue Rubrik: GEDICHTE! Links die Poetin im Großformat abgebildet, Gesichtsausdruck passend zur Kampf-Poesie rechts. *Ja, spinnen die denn?* Seite 34: Ein Text über üble KINDERKRANKHEITEN. Mit Bild! Dann ein Sechs-Seiter über Sowjet-Lyrik mit unscharfem Schwarzweißdruck. *In der Chérie, ein Alptraum!* Und schließlich eine Fotostrecke über KRIEGSREPORTERINNEN. Mir war übel.

Es mussten gut zwei Stunden vergangen sein. Aufgeregt stürzte Tanja, die Vertriebschefin, herein. Über ihrem Kopf wedelte sie mit der aktuellen Chérie: »*Kakoj Ko-*

schmar! Was für ein Alptraum!«, und ließ sich erschöpft auf den Stuhl am Besprechungstisch sinken. »Das haben die schon mal gemacht«, ruft sie mir zu und fügt mit nachdenklichem Blick hinzu: »Das gibt eine Blockade mit *Kompromat. Spokojno* kriegen wir das nicht hin.«

Was Tanja meinte, war eine äußerst brenzlige Situation. Ein komplett eingespieltes *Komanda* (Kollektiv) nistet sich im Unternehmen ein. Mitunter stoßen versprengte Teile von *Wolja*-Flüchtlingen dazu. Das kriegen Sie natürlich nicht unbedingt mit. Es sei denn, Sie haben einen ausgezeichnet verdrahteten Human Ressources Manager, den es in Russland nicht gibt. Zunächst zeigt sich das *Komanda* servil, weitet jedoch Zug um Zug seine Kompetenzen aus. Sie ahnen nichts Böses, denn man gibt Ihnen das Gefühl, alles in der Hand zu haben. Doch dem ist nicht so. Nachdem das *Komanda* Witterung über die inneren Verhältnisse im Unternehmen aufgenommen hat und die Schützengräben ausgehoben sind, beginnt das Spiel.

Während ich in meiner Naivität als Westler noch mit Konfliktlösung beschäftigt war und überzeugen wollte, dass russische Leserinnen in puncto Boulevardjournalismus nun wirklich nicht anders seien als beispielsweise europäische und daher die Politik nicht ins Blatt gehöre, rüstete das *Komanda* zum Angriff. Es scherte sich nicht um den Verleger und blockierte die laufende Heftproduktion mittels kreativer Auslegung des russischen Copyrights. »Die nächste Ausgabe der Chérie nur mit Beslan und Gedichten!«, hieß die Forderung, die am Telefon im Militärton rübergeschmettert wurde. »Ab jetzt wird nur noch Russisch gesprochen!« Die verlegerische Argumentation, dass politische Inhalte nicht in eine Stars-und-Sternchen-Publikation gehörten, wurde mit »Zensur!« quittiert.

Inzwischen war Natalja in mein Kabinett gekommen und schob müde die Schultern hoch: »*Bywajet*! Passiert halt.« – »Ihr mit Eurer Schicksalsergebenheit!«, entfuhr es mir. »Was wird aus Russland, wenn nicht mal die Journalisten kapieren, wo der Platz für Meinungsfreiheit ist? Außerdem«, trotzte ich, »wer nicht versteht, dass man die russische Öffentlichkeit über die menschenverachtende Politik des Kreml nicht zwischen Brad Pitt und französischer Unterwäsche informiert, hat bei uns nichts verloren. Die halten das Publikum für Verfügungsmasse. Sollen die doch ein eigenes Heftkonzept auf die Beine stellen! Sauber handwerklich ausgearbeitet. Darüber ließe sich reden. Aber doch nicht Beslan in einem People-Magazin.« Natalja wiegte ihren Kopf, wie so oft, wenn es brenzlig wurde, und murmelte: »Aber es geht doch nicht um die Meinungsfreiheit.«

Am nächsten Tag saßen Natalja und ich in einer der renommiertesten Anwaltskanzleien Russlands. Zwölfter Stock mit Blick auf die Moskwa. Viel Chrom und Stahl. Als ich die stattlichen Männer in bestem Tuch hereinkommen sah, war ich beruhigt. Wir schilderten den Konflikt, legten zur Krönung unsere prachtvollen Papierstapel auf den Tisch und genossen, dass jemand die Sache in die Hand nahm. »Keine Frage, auch in Russland gibt es das Recht für den Verleger, die Richtlinien publizistischer Inhalte gemäß der Positionierung der Publikation zu bestimmen – rein theoretisch«, wurde nachgeschmunzelt. »Also gut«, fuhr die Stimme fort, während ihr Adlatus flink durch unseren mitgebrachten Papierturm der Anklage strich und befriedigt aufblickte, »den Rädelsführern wird ein Angebot zur Güte gemacht. Bei Nichtannahme kündigen Sie. Die Verstöße gegen geltendes russisches

Recht, die Sie nachweisen können, sind mehr als ausreichend.« Der Adlatus grinste. »Wenn Sie erlauben, übernehmen wir die Verhandlungsführung.« Das war mir nur recht. Die Fronten waren verhärtet. Ich gab gerne an die Anwälte ab.

»Na, jetzt ist es bald geschafft.« Natalja versenkte ihre Piroggen in der Kaffeetasse und lächelte mich an. Ihre Wangen waren wieder rosig, der Lippenstift nicht verwischt, und selbst die Bluse sah frisch gestärkt aus. Kein Wunder: Wir hatten seit gut einer Woche die erste Nacht ohne das Wälzen von Strategien im Umgang mit dem störrischen *Komanda* verbracht. *Selbst der Russe weiß nicht, was der Landsmann plant.* Unberechenbarkeit, Hakenschläge, abstruse Winkelzüge sind das Handwerkszeug vieler Mitarbeiter, *Bywajet* eben. Doch was uns hier widerfuhr, war selbst für Natalja ein Alptraum. Nach der Androhung des *Komandas*, die nächste Ausgabe der Chérie zu blockieren, sollte ich den Forderungen nicht nachkommen, hatte uns ein *Kompromat* ereilt, das in seiner Schlagkraft wirkungsvoll war.

Kompromat, Sie ahnen es, kommt von kompromittieren. Das Material dafür wird bereits im Vorfeld lanciert – oder ist ganz einfach frei erfunden. Dabei wird mit äußerster Schamlosigkeit vorgegangen. Der Ton aggressiv, die Kreativität und Härte, den Gegner mitten ins Herz zu treffen, nötigen fast schon Bewunderung ab.

Erst jetzt erkannte ich, dass die Kampfansage »Ab jetzt wird nur noch Russisch gesprochen« das Signal zur Treibjagd war. Um mich unter Druck zu setzen, zielte das *Komanda* nicht nur auf die Zerstörung meiner Reputation auf dem heimischen – also russischen – Markt, sondern auch auf mein Renommee im Mutterland ab. Keine Demütigung wurde ausgelassen. In der russischen Presse bedienten die Aufständischen die Xenophobie und tiefverwurzelte Ressentiments ihrer Landsleute aus dem vaterländischen Krieg. Ich musste lesen, dass Deutsche schlimmer als Kerosin seien, man beschuldigte mich namentlich, ich risse meinen Mitarbeitern die Fingernägel heraus, wie es die Nazis mit den russischen Partisanen getan hätten. Gleichzeitig wurde für die westliche Presse die Demokratiekarte gezogen. Der Vorwurf: Unterdrückung der Pressefreiheit in Russland. Ein Skandal! Und schon befand sich die westliche Presse auf meinen Fersen und versuchte irgendwie das Sommerloch mit der Nachricht »Deutsches Boulevardmagazin verletzt russische Pressefreiheit«(!) zu füllen. Zu allem Irrsinn erhielt mein Vorzimmer stündlich Anrufe von einem anonymen Anrufer aus dem Kreml, der listig anfragte, ob ich in dieser Angelegenheit nicht Hilfe bräuchte. *Nein, die brauche ich nicht! Denn ich weiß, dass man sich die Obrigkeit nicht ins Haus holt.* Es folgten hässliche Telefonanrufe von allen Seiten, nächtliche Sitzungen bis zum Morgengrauen, Terror in jeder Form. Ich ignorierte die Angriffe erst einmal, nahm dankbar die Beileidsbekundungen meiner Expat-Kollegen entgegen und leckte meine Wunden, während ich den Erzählungen der Russlandveteranen lauschte. Denn die verfügten in puncto landestypischer Eskapismus als Form des politischen Widerstandes über weit mehr Erfahrung als ich. Schlussendlich hatten nun ja die besten Advokaten Moskaus den Fall übernommen.

Natalja pickte die restlichen Krümel mit dem Finger auf, schob das letzte Stück der süßen Pirogge in den Mund und zwei Äpfel in ihre Tasche. Ausreichend mit Proviant versorgt, verließen wir so das Café und marschierten hinüber zum Advokaten-Büro. Die Aufsässigen waren in die Kanzlei bestellt worden und sollten nun in einem Nebenraum von Glanz und Stärke russischer Jurisprudenz niedergebügelt werden. Das Warten vertrieben wir uns mit der Prüfung der erotischen Pluspunkte unserer Anwälte. »Hast du seine Hände gesehen«, strahlte Natalja, die seit langem auf der Suche nach einem passenden Ehemann war. Schaufelhände und Brioni-Hemden: ein untrügliches Zeichen für die gemeine Russin, umgehend auf Sieg zu spielen. Kommt eine gewisse finanzielle Ausstattung hinzu, schmelzen russische Frauenherzen, die auch sonst sehr praktisch angelegt sind. So war Nataljas Lebensphilosophie konsequent: »Weinen musst du immer im Leben. Willst du weinen in einem Rolls-Royce oder in einem Schiguli?« Da ich dieser Logik wenig entgegenzusetzen hatte und wusste, dass so etwas wie romantische Liebe in russischen Weiber-Kreisen als völlig hirnverbrannt identifiziert wurde, scherzten wir also weiter über die körperlichen Vorzüge, die wir bisher in Augenschein hatten nehmen können. Natalja verlor sich gerade in der Ausmalung der üppigen Brustbehaarung des Hauptadvokaten, die sich widerspenstig von innen gegen die edle Baumwolle gedrückt hatte, verdrehte die Augen und seufzte, als Getöse im Nebenraum die schöne Gedankenwelt jäh unterbrach. Der mit den Schaufelhänden stürzte herein, schloss zügig die Tür, sank auf den ledernen Chrom-Chef-Sessel und stöhnte: »Barrikadenkampf.« Er fügte hinzu: »Ich gebe Ihnen drei meiner Anwältinnen, dann müssen Sie sehen, wie Sie durchkommen.«

»Wir müssen sehen, wie wir durchkommen«, raunzte ich ungehalten, während Natalja gleichmäßig in ihrem Tee rührte und aus dem Fenster in unseren Verlagsgarten hinuntersah. »Sind denn hier alle bekloppt?« Ich war fassungslos: »Durchkommen?«

Die Aufständischen hatten das Advokaten-Büro besetzt, Transparente und ein Tonband mitgebracht. Gefordert worden war mein unverzügliches Erscheinen und der Vortrag meiner Offerten für die *Komanda*-Mitglieder. Andernfalls würden die Freunde vom Russischen Fernsehen die Öffentlichkeit in Ost und West über die Machenschaften sowohl der Kanzlei als auch des Verlages informieren. Natalja nahm abrupt den Löffel aus der Tasse, drehte sich zu mir um und präsentierte den Ernst der Lage. »Das sind *Demschisa*. Wir machen das *Spokojno*. Wie der Anwalt schon geraten hat«, flüsterte sie eindringlich.

Demschisa heißt übersetzt so etwas wie »demokratische Schizophrene«, denen man Kulturverrat, geistige Umnachtung oder gar Spionagetätigkeit vorwirft. Ja, man ist nicht zimperlich im Umgang mit dem Gegner. *Demschisa* wird von der kremltreuen Presse ebenso verwendet wie von Kirchenkreisen und von Teilen der Bevölkerung. *Demschisa* wurden erstmals in den 92er Jahren unter der marktradikalen Fraktion Jegor Gajdars als eigene »innere Feinde« identifiziert. Das war in der Zeit der Diskussion um den richtigen Weg in Russlands Zukunft. Diejenigen, die damals für eine radikale Öffnung zum Westen und für das freie Spiel der ökonomischen Kräfte plädierten, werden noch heute mitunter als psychisch gestört abqualifiziert. Sie sind in den Augen vieler die Totengräber des kleinen Mannes. Kein Wunder, schließlich verloren die Russen in den 90ern auf Grund der ökonomischen Schocktherapie Gajdars ihr Erspartes durch eine Hyperinflation – und Chaos brach aus. Die Demokratie jedenfalls ist seitdem diskreditiert. Der Durchschnittsrusse verbindet damit die Apokalypse, den Zusammenbruch, die territorialen Verluste, den wirtschaftlichen Niedergang.

Heute meint man gemeinhin mit *Demschisa* im Kern die russische Opposition. Leute wie der ehemalige Schachweltmeister Garri Kasparow, im Westen als ein positiv konotierter Oppositionsführer verstanden, stehen in der Heimat vielerortens für Chaos und Unruhe. Das mag zum einen daran liegen, dass sich Kasparow und Teile der um ihn gescharten Gruppen der Unzufriedenen nicht deutlich genug vom radikalen Marktliberalismus der 90er Jahre distanzieren, und zum anderen daran, dass sich im Sammelbecken der Unzufriedenen verschiedene *think tanks* zusammengetan haben. Aufgrund der zahlenmäßigen Schwäche schließen sich notgedrungen unter der Losung »Anderes Russland« all jene Kräfte zusammen, die einen Sturz des Systems Putin verfolgen. Dabei bleibt nicht aus, dass schillernde Figuren wie der nationalbolschewistische Schriftsteller Eduard Limonow, der sich, wie es ihm gefällt, auf den späten Lenin, Goebbels oder Ulrike Meinhof beruft, genauso neben dem bürgerlichen Kasparow auftreten kann wie der Ex-Ministerpräsident Michail Kassjanow, der vielen als derjenige schmerzlich in Erinnerung ist, der in Jelzins Chaoszeiten die Renten nicht pünktlich auszahlte, während die angehenden Oligarchen an ihren Imperien bastelten. Es sind die Mutigen und die Machtlosen, die sich hier zusammentun. In den »Märschen der Unzufriedenen«, die auch von der Kasparow-Partei organisiert werden, finden sich all jene, die Russland verändern wollen. Doch für den gemeinen Betrachter wirken die Losungen des amorphen Bündnisses befremdlich. Die Parolen reichen vom puren Anarchismus, radikalen Liberalismus bis hin zu Limonows »Nur ein toter Bourgeois ist ein guter Bourgeois.« Verständlich, dass Teile der Bevölkerung das oft unkoordinierte Treiben mit der Wiederkehr der Unruhe und Angst vor einer Revolution verbindet. Der Kreml tut ein Übriges: Den Andersdenkenden begegnet man mit bekannten Mitteln – mit Terror oder Umarmung. Hilft auch das nicht, kommt das bewährte *Kompromat* zum Einsatz. Kassjanow wurde während seiner Amtszeit die Nähe zu zweifelhaften Unternehmerkreisen vorgeworfen, was umgehend seinen alten Spitznamen aktivierte: Mischa-Zwei-Prozent. Den hatte er angeblich bekommen, weil ihm das Durchwinken illegaler Wirtschaftsprojekte jeweils zwei Prozent Anteil einbrachte. Limonow musste gar zwei Jahre ins Gefängnis wegen des Vorwurfs verbotener Waffengeschäfte. Die übrigen, auch Kasparow, werden nach der Teilnahme an den »Märschen der Unzufriedenen« regelmäßig verprügelt und eingesperrt.

Aus der Sicht Nataljas waren *Demschisa* also pure Unruhestifter, die den Schild der Demokratie lediglich vor sich her trugen und denen nun wirklich nicht das Schicksal aller Russen am Herzen lag. Unerwünschte Leute, die offensichtlich viel Ärger machen konnten. Das sahen wohl auch der anonyme Anrufer aus dem Kreml und die Anwaltskanzlei so. Ich hingegen fragte mich, warum ausgerechnet die Chérie als Plattform für den demokratischen Kampf dienen sollte? Richtigerweise engagierten sich in unserem Verlag einige Redakteure in oppositionellen Gruppierungen oder waren regelmäßig beim »Marsch der Unzufrieden« dabei. Was ich unterstützte. Der Mord an Anna Politkowskaja hatte uns alle schockiert. Unter den Aufsässigen im Kollektiv war ein Redakteur, der regimekritische Artikel im Ausland veröffentlichte, was mir vor dessen Einstellung bewusst war. Die Beiträge waren gut. Aber dass sich daraus ein so rigides Verhalten entwickeln konnte, wollte ich nicht glauben. Schließlich gab es die »Nowaja Gasjeta«, Flagschiff der oppositionellen Presse in Russland, oder den »Kommersant«, der eine Menge Edelfedern versammelte und sich immer wieder kritisch zu politischen und wirtschaftlichen Themen äußerte. Ein Thema wie Beslan gehörte genau dorthin. Oder heiligt eben doch der Zweck die Mittel? Dann würden sie mit demselben Instrumentarium arbeiten wie diejenigen, die sie bekämpfen: Verleumdung, Kompromat, Erpressung.

Nun, man ist ja anpassungsfähig. Ich verließ das Feld der Argumente und wandte mich der Kraft des Materiellen zu. Der Geruch des Geldes brachte die Mitglieder des *Komandas* in Bewegung und deren Zusammenhalt ins Wanken. Die gesamte Truppe war pünktlich um 23 Uhr im Konferenzraum erschienen, was durchaus überraschend war. Einzelne Aufständische mussten in Moskauer Cafés aufgespürt werden, andere saßen zu Hause vor dem Fernseher oder waren schon in Richtung Datscha aufgebrochen. Doch auch im Zarenland hat Geld disziplinierende Kraft. Wenigstens kurzfristig. Die Barrikade schien durchlöchert. Natalja, die in den ersten Stunden, mit unterschriftsreifen Papieren bewaffnet, hin und her flog zwischen meinem Büro und dem Konferenzraum, berichtete zusehends amüsiert über Zwist unter den Verschwörern. Man stritt sich um die Höhe der Abfindungssumme, wollte untereinander umverteilen, gar neue Forderungen stellen. Im Ganzen gesehen: ein revolutionäres Klima. Die Füße auf den Tischen, fetzten abstruse Beschuldigungen über den großen Besprechungstisch. Gelegentlich wurde im militärischen Ton nach heißer Suppe und Kaffee verlangt. Die gehen sich gleich an die Gurgel, kassiberte Natalja belustigt auf ihren kurzen Stippvisiten bei mir im Büro. Der Zirkus zog sich nun schon bis weit nach Mitternacht hin. Die Unterstützung aus dem Chrom-und-Stahl-Advokaten-Palast hatte dagegen schon um 24 Uhr die Segel gestrichen. Es war an mir, die Sache zu beenden.

Nada podumat – da muss man erst einmal nachdenken. Soviel hatte ich von Natalja gelernt. Im russischen Alltagschaos zwischen Verleumdung und nackter Erpressung braucht es auch unter Zeitdruck Gedankenordnung. Bis zum Morgen mussten die Unterschriften eingeholt sein, damit gegen Mittag die Druckfreigabe für die neue »Chérie« erteilt werden konnte. Noch acht Stunden also. Ginge das schief, hätten wir Strafkosten bei der Druckerei zu begleichen und riskierten zusätzlich bei Verschieben der Drucklegung das pünktliche Erscheinen am Kiosk. Im schlimmsten Fall würden wir gar keine neue Ausgabe für den nächsten Monat auf den Markt bringen können. Meine Überlegungen kreisten also unter Hochdruck um Kosten und Zeitpläne, als jemand vorsichtig meine Bürotür öffnete. Sascha, einer der Aufwiegler, trat einen Fußbreit ein, schob den Kopf weit über die Türschwelle und blickte sich mit gerecktem Hals und weit aufgerissenen Augen um. Ungläubig rief er: »Hier sind ja gar keine Anwälte!« Und zack, weg war er. Flitzte zurück in den Konferenzraum, um den Kombattanten die ungeheuerliche Wertminderung der ganzen Angelegenheit mitzuteilen. Totaler Gesichtsverlust. Tumult unter den Revolutionären. Der Ruf nach neuen Optionen wurde laut.

Nada podumat hin und her. Mir riss jetzt der Geduldsfaden. Ich nutzte das ausbrechende Chaos und beauftragte Natalja, mein Ultimatum zu übermitteln, wörtlich: Die Chefin zieht jetzt ihren Mantel an. Wer unterschreibt, bevor sie am Fahrstuhl ist, bekommt sein Geld. Alle anderen gehen leer aus.

Als ich auf die Erdgeschoss-Taste drückte, hatte ich alle Papiere unterschrieben in der Hand. Über Beslan verlor niemand ein Wort.

Das Steppenimperium ist Beute und so wird es auch behandelt. Was die Besatzer bis zum Ende des 15. Jahrhunderts vormachten, ist noch heute Usus. Wen wundert's. Gelernt ist gelernt. Daher ist neben *Wolja* eine weitere Handlungsoption bei Unzufriedenheit mit den Verhältnissen die knallharte Erpressung (*Schantasch*). Man wartet auf den Moment der Fortune und setzt dann mit brutaler Härte die eigenen Forderungen durch. Maximales Risiko, maximales Ergebnis. Entweder – oder.

Eine Art neuzeitlicher Mongolensturm war das also gerade. So kam es mir jedenfalls vor. Ich rief mir die Geschichte in Erinnerung. Die Reiterhorden des Ugedai, Sohn Dschingis Khans, die nicht nur über die *Rus*, sondern auch über Europa herfielen, Ungarn, Polen niederbrannten und bis nach Schlesien und im Süden nach Wien vordrangen. Aber auch so plötzlich verschwanden, wie sie aufgetaucht waren. Sesshaftigkeit war ihre Sache nicht. Es ging den Nomaden nicht um langfristige Integration, Staatsaufbau, Assimilation, sondern, ganz Steppeprinzip, um Unterwerfung. Die Khane der Goldenen Horde zeigten kein übermäßiges Interesse an staatlichen Einrichtungen. Um die Belange ihres Reiches kümmerten sie sich nur wenig. Das Hauptaugenmerk lag auf dem Zufluss des Geldes. *Wie* es eingenommen und wieder ausgegeben wurde, interessierte nicht.

Die Parallele zum heutigen Russland ist nicht von der Hand zu weisen. Das Konzept ist nach wie vor: Kapitalismus ohne Demokratie. Wachstum ohne Entwicklung. Was dem Land zu Zeiten des Kalten Krieges Superpower-Status gab, waren die gut gefüllten Nuklearарsenale. Heute sind Gas und Öl die Waffen, mit denen man Augenhöhe im internationalen Machtkonzert erzwingt. Man braucht Erpressungspotential. Europäische Formen des Dialogs sind im heutigen Russland nicht sehr populär. Die Vorzüge der eigenen Anschauung zu vermitteln, im Widerstreit die Argumente siegen zu lassen, schließlich und endlich das Gegenüber vom Vorteil der eigenen Anschauung zu überzeugen und es so für die gemeinsame Sache zu gewinnen, Debattenkultur also: reine Zeitverschwendung.

Nun denn: Ich jedenfalls beschloss, erstmal zu schlafen. So ein ausgewachsener Barrikadenkampf schlaucht. Vor allem, wenn er auf west-östlichem Parkett gleichzeitig stattfindet.

Jurij

Allmorgentlicher Smalltalk mit Jurij. »Was machen die Katzen?«, frage ich.

»Die haben die Nachbarn aufgegessen«, antwortet er und lacht.

Mat –
Scheinwelten

Das war kein Witz. Das ist russisches Lebensgefühl. Für den Russen ist die närrische Kehrseite der Welt schlicht überzeugender als deren Fassade, sagt Viktor Jerofejew. Schon im Zarenland gab es den »verrückten Heiligen, den *Iurodiwyj*, der die wahre Welt erkannte. Außenseiter, nackt oder oft in zerissener Kleidung mit dämonischem Äußeren wie Rasputin einer war, entlarvten sie die Fassade der offiziellen Welt. Diesen »Narren« schenkte das Volk mehr Glauben als der Obrigkeit. Rasputin schaffte es gar bis in die Mitte der Zarenfamilie Nikolajs II.

Man ist sich in den Fragen der Wirklichkeit nicht sicher, denn das Dasein ist unheimlich. Das wusste man schon in der alten *Rus*. Schließlich täuscht sich jeder in jedem, was der andere ist. Eine Welt der Scheinexistenzen, der Lüge und Täuschung. Alles ist nicht das, was es zu sein scheint. Verantwortlich dafür ist eine ferne Kraft. Gogol schrieb in seinen Petersburger Erzählungen *Der Newski-Prospekt*: »Der Dämon selber zündet die Laternen an, um alles anders zu zeigen, als es in Wirklichkeit ist.«

Da es den »Narren in Christo«, der zwischen den Welten vermittelte, spätestens seit dem Ersten Weltkrieg nur mehr als Kunstform gibt, muss nun der russische Witz herhalten. Und der ist destruktiv, dass es den Ausländer staunen lässt. Als ich Jurij fragte, warum das Land nicht mehr produzierte und stattdessen teuer importierte, denn so könnte sich der Gastarbeiter gelegentlich mal ein Hühnchen anstatt einer Katze leisten, antwortet der sogleich mit einem Witz. Kommt ein Ausländer nach Russland und sagt: »Ihr habt so wunderschöne Kinder. Wie macht ihr das nur?« Antwortet der Russe: »Alles, was wir nicht mit unseren Händen machen, gelingt einigermaßen.«

In der Schonungslosigkeit spiegelt sich Hoffnungslosigkeit und Verzweiflung wieder. »*Tam choroscho, gdje nas njet*« – »Dort ist es gut, wo wir nicht sind«, lautet ein Sprichwort. Die Verballhornung nahezu jedes Wortes, die den Westler zur Verzweiflung treibt, ist nicht Posse, sondern Ausdruck tiefer Zerissenheit. Die *Rus* und *Rossija*, »die da oben« und »wir da unten«, Ost und West.

So schießen einen die Witze und der Wodka raus aus der offiziellen Welt. Alles verschwimmt, ist grenzenlos. Man lebt in einer Gegenwelt. Daher hat man auch eine zweite Sprache. Der *Mat*: in der Literatur, auf der Straße, in den Kinos. Putin, sagt man, spricht ihn. Der schwer obszöne und gewalttätige Geheimcode ist für den Ausländer nicht wirklich zu erlernen. Man braucht eben russisches Lebensgefühl dazu.

Banja – Russisches Wellness

Natürlich hatte ich mir eine Empfehlung geben lassen. Wenn schon russische Badekultur, dann die beste Adresse. Unisono hieß es: nur das Sandunow in der Neglinaja Straße. Als ich meine Eintrittskarte lösen wollte, fragte mich die Frau in dem Holzkabuff: »Wollen Sie ein Zweier-, Dreier- oder Sechser-Zimmer?« – »Eigentlich nur Sauna und eine Massage«, tastete ich mich voran. »Allein also«, schaute mich die Mittfünfzigerin mitleidig an. »Gut. Dann macht es 1000 Rubel. Ihr Essen haben Sie ja dabei.« Nein, mein Essen hatte ich nicht dabei. Ich wollte einfach nur in die Sauna. »Gehen Sie nur«, schob sie mich freundlich durch eine hölzerne Schwingtür.

Allein unter russischen Frauen. Schweren Engeln gleich schwirren Rubensfrauen herum. Weibliches Wissen liegt in der Luft. Mir wird sanft befohlen, *Tapotschki* und ein Laken zu kaufen. Nehmen Sie auch die Handschuhe! Schließlich steht Natascha vor mir. Riesenbrüste, Ringerstatur, blonde kurze Haare, mit viel Gold im Mund strahlt sie mich an, hängt mir das Bettlaken um und warnt mich, nicht zu stolpern. Das Laken ist zu lang und schleift daher auf dem Fußboden. Natascha und ich verstehen uns gut, also rät sie mir, auch noch die Filzmütze zu nehmen. Aber, um Gotteswillen, warum denn eine Filzmütze? »Ohne Filzmütze fallen dir die Haare aus«, meint sie allen Ernstes.

Endlich dürfen wir in das Herz der *Banja*. Orientalischer Dampf schwebt vor meinem imaginären Auge, ornamentüberladene Kacheln. Ich sehe in meiner Vorfreude fremdländische Grazien, sich räckelnd in Linnen, bedeckt von duftendem Schaum. Karaffen werden gereicht. – Natascha geht vor. Ich stolpere hinterher, unten behindert mich das Bettlaken, und oben versperrt mir die Filzmütze die Sicht. Im Inneren dann die Realität: nackte, übergewichtige Leiber mit rasierter Scham inmitten brüchiger blauer Kacheln. Eine hat eine grüne Gesichtsmaske aufgetragen. Ein russischer Wolpertinger. *Wo sind all die blonden Schönheiten?*

Natascha erklärt mir, wie es weiter geht. Erst duschen und abschrubben, dann in der Schlange vor der Sauna einreihen. Zur Massage holt sie mich später ab. Ich frage mich derweil, warum ich *Tapotschki,* Badelatschen, anhabe, da das Wasser eh zwei Zentimeter hoch steht. Außerdem zieht es wie Hechtsuppe. *Deshalb wohl die Filzmütze!* Nun gut. In der Schlange ist es lustig, wir Mützen kommen ins Gespräch. Endlich geht die Tür zur Sauna auf. Alle rennen hinein, um die besten Plätze zu bekommen. Eine kleine Agile nimmt mich am Arm und zieht mich hoch auf die erste Reihe. Im Getümmel erscheint nun eine Riesen-Filzmütze, die das Kommando übernimmt: Dampfwedeln, Aufguss, Dampfwedeln. Die neben mir zieht mein Bettlaken runter und schwört, dass dadurch erst die durchschlagende Wirkung erreicht werden würde. In der Tat, ich meine zu verbrennen, stürze raus ins Freie und treffe direkt auf Natascha. Die Hände in die Hüften gestützt, schaut sie mich beglückt an und sagt: »Na, Kapillaren schon geplatzt?«

Trotz meiner Verbrennungen trotte ich nackt mit Filz, *mein Laken habe ich auf der Flucht verloren*, hinter Natascha her. Wir erreichen den Massageraum: ein gekacheltes Quadrat mit einem steinernen Opferblock in der Mitte. Natascha plaziert eine Gummimatte und bedeutet mir, mich darauf zu legen. *Ach, Tascha, wenn du nicht so schöne Petersburger blaue Augen hättest, ich wär schon längst weg.* Erst wird gewaschen. Mit einem Gartenschlauch spritzt sie mich ab. Dann legt sie die drahtigen Handschuhe an und macht eine Art Peeling. Nun wird abwechselnd gepeelt und gewässert, vorzugsweise mit einem riesigen blechernen Eimer, der warmes Wasser über mich schüttet. Natascha, der Arbeit ganz hingegeben, beginnt zu singen. Ein russisches Kinderlied. »Dann wasch ich dich, dann küss ich dich, summ, summ …« Noch nie war ich so sauber.

Die *Banja* oder das Badehaus hat Tradition. Schon im Mittelalter wurde, wer nicht mindestestens dreimal in der Woche die *Banja* aufsuchte, für einen Ausländer gehalten. In Adelskreisen hatte man sein eigenes Badehaus, auf dem Dorf hingegen saß man, dicht zusammengedrängt, im kommunalen Bad. Das gegenseitige Schlagen mit Birkenzweigen (*Weniki*), das Wälzen im Schnee und der Wodka waren obligatorisch. Just deshalb wollte Peter der Große die Badekultur verbieten, da er die Ausschweifungen, die in Folge des Alkoholkonsums nicht selten waren, für ein Zeichen eines mittelalterlichen, rückständigen Russlands hielt. Das aber ist ihm nicht gelungen. Will man saunieren, mit Freunden oder einer Liebschaft, dann mietet man auch heute noch den Dreier- oder den Sechserraum. Dort wird dann gegessen, getrunken und vielleicht auch geliebt.

Im Volksmund sagte man der *Banja* jahrhundertelang heilende Kräfte nach. Gleich nach dem Wodka, der noch heute auf Platz eins als Arztersatz rangiert. Das Säubern im Bad war Ritual auch seelischer Säuberung. So wusch man in der *Banja* Bräute und deren Brautjungfern in der Nacht vor der Hochzeit und zwar in bäuerlichen Kreisen ebenso wie im Adel. Auch die Braut des Zaren Alexej wurde so im Jahre 1670 im Bad gewaschen. Dabei galt es immer, den *Banja*-Geist zu besänftigen. Der nämlich hatte besondere Kräfte, die es nicht herauszufordern galt. Man ging aus Angst nicht allein und schon gar nicht bei Nacht in das Bad, brachte stattdessen reichlich Opfergaben dar, die den *Bannik* bei guter Stimmung halten sollten.

Die *Banja*-Kultur hat also in Russland wenig mit unseren Vorstellungen von Wellness zu tun. Vielmehr haben – neben der Reinigung – das gesellige Beisammensein, das Essen und das Trinken den Vorrang.

Krugowaja Pomotsch – Eine Hand wäscht die andere

Der August ist ein trügerischer Monat. Das wissen die Russen. Im August kommt das Unheil. Im August erklärte Deutschland Russland den Krieg, im August 2000 bombte man den Fußgängerübergang beim Puschkin-Platz hoch, im selben Monat im Jahr 2004 sprengte sich eine Attentäterin in der Moskauer Metro Rischskaja in die Luft. Im August flog der Tscherkisowskij-Markt in Stücke, im August 2008 begann der Georgien-Konflikt. Im August liegt Russland still. Moskau ist heiß und leer.

Ich und ein Haufen Übriggebliebener waren in Wartestellung. Und tatsächlich ereilte uns die erneute Attacke eines unserer Redaktionskollektive. Im Handstreich versuchte das sich eilig verbündende *Komanda*, das Redaktionsstatut zu sprengen, indem neue Rubriken in das Heft eingeführt und zügig zum Druck vorbereitet werden sollten. Nichts gegen neue Rubriken, auch gegen das Statut, wenn sie Sinn für den Leser machen. Hier allerdings hätten wir es mit einer unverfrorenen Pflege der eigenen Netzwerke zu tun gehabt. Das war derart auffällig, dass selbst der verschnarchteste Leser stutzen würde. Im Schutze des Augusts, so dachte man also, würde es unbemerkt gelingen, Fakten zu schaffen. Weit gefehlt. Wir hatten Wind von der Sache bekommen. Meine

Ermahnungen, ja gar Vorschläge, stattdessen doch ein eigenes Online-Konzept zu entwickeln, welches den Lesern und dem Verlag einen Mehrwert bringen könnten, wurden mit kommandoartigen Durchsagen des stellvertretenden Chefredakteurs quittiert: »Wir ziehen die Titelgeschichte zurück oder Sie drucken das Heft, wie wir es wünschen!« Nach einer gewissen Zeit im Feindesland erwacht jedoch auch beim Ausländer der Kampfeswille. Schließlich kann die gemeinhin russische Auffassung von Freiheit (jeder kann machen, was er will) nicht dazu führen, dass die Produktpalette platt gemacht wird.

Ich hielt Rücksprache mit dem dienstältesten Redakteur. Andrej, kluger Kopf mit sowjetischer Eulenbrille, kettenrauchend, in Schüben schwitzend und Unmengen von schwarzem Tee in sich schüttend, gestählt vom Auf und Ab im Russenland, früher Literaturprofessor, dann Nachtwächter in der Breschnjew-Zeit, sagte schlicht: »Regen Sie sich nicht auf! *Bywajet*! Passiert halt! Wir schreiben Ihnen ein neues Heft.« – »Wie in aller Welt wollt Ihr ein neues Heft schreiben?«, entfuhr es mir. »Wer? In welcher Zeit? Wir müssen in drei Tagen in Druck gehen. Sonst sind wir mit der Ausgabe nicht rechtzeitig am Kiosk.« Mein Gott, raste es mir durchs Hirn. Die Kosten, die Anzeigenkunden, entgangene Vertriebserlöse – ein Alptraum! Übelkeit machte sich bei mir breit. Wie soll einer mal die Russen verstehen! Eine Fliege war inzwischen in Andrejs Tasse ersoffen. Zuckriges Gebäck klebte zwischen seinen Fingern. Sagte der nur noch schemenhaft zu erkennende, vom Nikotinnebel Umhüllte: »Wir arbeiten nachts und zu Hause, damit es das Kollektiv nicht merkt. Oleg macht mit, auch Sergej und Wladimir sind dabei. Dann haben wir noch Julja, Irina und fünf Auswärtige. Sie müssen ein bisschen was zahlen, nicht viel, wir wollen die Preise nicht verderben: 200 für jeden.« Ich ließ mir blitzschnell deutsche Erfahrungswerte durch den Kopf gehen. *Welche sonst?* Unmö-glich! Ein Meer von Zweifeln türmte sich auf: »Das kann man nicht schaffen.« – »Was ist mit Pawel? Ohne den Produktionschef können wir das nicht unter der Decke halten. Die Druckerei muss mitspielen.« Da stand Pawel bereits rauchend im Gang, obwohl niemand ihn gerufen hatte. Der Zweimeter-Mann schlurfte herein, sagte lächelnd in aller Seelenruhe: »Wenn Sie sagen, ich soll springen – für Sie ja«, und blickte mich an. »Sagen Sie, was sollen wir tun?« – »Schreibt ein neues Heft!«, sagte ich.

Flugs wurde der Konferenzraum zur konspirativen Schaltzentrale. In sage und schreibe drei Tagen stellte diese wahnsinnige Truppe ein neues Heft auf die Beine. Das sogenannte Kuchenblech (für die Heftproduktion unerlässliches Übersichtsraster, auf dem jede einzelne Seite einer Zeitschrift in Planung zu sehen ist) wurde auf der Rückseite eines großformatigen Taigabildes mit Doppeladler aufgeklebt und aufgehängt. Wenn Besucher kamen oder wir Besprechungen hatten, glotzte der russische Adler auf uns herab. Dann wieder diente die Rückseite als Blaupause für die Heftproduktion, an der sie eifrig arbeiteten. Am Ende war die Ausgabe pünktlich am Kiosk, die Qualität ohne Einbußen. Niemand hatte bemerkt, was vor sich gegangen war. Nicht einmal das renitente Kollektiv.

Krugowaja Pomotsch, gegenseitige Hilfe – so nennt man das. Sie klappt, da man es gewohnt ist, vielerlei Fähigkeiten zu entwickeln. In Russland macht eben jeder alles. Der Installateur war früher Ingenieur und davor Dichter. Der Redakteur schreibt in Celebrity-Zeitschriften und lehrt gleichzeitig an der Moskauer Universität Physik. Der Fahrer studiert Jura, arbeitet bei der Miliz und bessert sein Salär gelegentlich beim Geheimdienst auf. Flexibilität ist für viele Russen keine Auszeichnung, sondern eine Überlebensnotwendigkeit.

»Kein Volk in Europa ist in der Lage, eine solch extreme Anstrengung in kürzester Zeit zu leisten wie die Russen; aber möglicherweise kann man nirgendwo in Europa gleichzeitig eine solches Unvermögen für eine stetige, nachhaltige und präzise Leistung finden.« Der russische Historiker Wassilij Kljutschewskij beschrieb im 19. Jahrhundert eine Überlebensstrategie, die noch heute gültig ist. Die Russen wissen, warum. Denn beständige Rechtsunsicherheit, Behördenwillkür, Gängelei machen vorausschauendes Planen, wie es die meisten Kulturen Westeuropas kennen, schlicht zur Sisyphosarbeit.

Das Prinzip der gegenseitigen Hilfe ist jahrhundertelang geübte dörfliche Überlebenspraxis. Die Bauern waren schlicht auf sich selbst gestellt. Für 1 000 Einwohner Russlands waren im 19. Jahrhundert ganze vier Staatsbeamte zuständig. Im Gegensatz dazu 7,3 in England, 12,6 in Deutschland und 17,6 in Frankreich. Der durchschnittliche russische Polizist sollte ein Auge auf 50 000 Landarbeiter in Dutzenden von Dörfern, verstreut in einem Riesenland, werfen. Ohne Pferd! Prinz Lwow, Gutsbesitzer und später erster Premierminister im Russland von 1917, schrieb 1890 schockiert: »Wir wissen über Tula genausoviel wie über Zentralafrika.« Das Fehlen funktionstüchtiger Institutionen sowie die Abwesenheit einer engagierten, mittleren Klasse kennzeichnet die gesamte russische Geschichte. »Der Zar ist weit, und Gott ist hoch«, sagt man noch heute, um die eigene Lebenssituation zu beschreiben.

Damals wie heute. Die Gutsbesitzer scherten sich nicht um ihr Land. Weder um die Bedürfnisse der Freien und Unfreien, noch um technische Innovationen der Bewirtschaftung. Beim Kartenspiel gingen Ländereien mit Mann und Maus über den Tisch. Tolstoj verspielte gar sein Liebstes: *Jasnaja Poljana*. Es blieb bei Tschechows Kirschgarten, in dem der Landadel inmitten europäischen Mobiliars sich ganz dem Niedergang hingab. Und draußen kämpfte der Bauer unter brutalsten Bedingungen ums Tägliche.

Das katastrophale Klima, das Desinteresse der Gutsbesitzer, die Abwesenheit von Kirche und Staat reduzierten die Lebenswelt des russischen Bauern auf die dörfliche Gemeinschaft (*Mir*) und christlich-heidnische Kulte. Umringt von Engeln und Dämonen, zurückgeworfen auf schwarze Erde, hatte keiner viel vom Leben zu erwarten. Die totale Isolation entwickelte ein System der Selbstgerichtsbarkeit (*Samosud*) und der gegenseitigen Verantwortlichkeit (*Pomotsch*), das half, Schicksalsschläge und die Last der Abgaben zu schultern. Risikoverteilung. Nicht aus Altruismus. Reine Überlebenstaktik. Man wusste, morgen konnte es einen selbst treffen, das Schicksal einen mit Krankheit oder Missernte strafen. *Krugowaja Pomotsch*: Konnte der Nachbar das Abgabenkontigent nicht erfüllen, half man aus, in der Hoffnung, er würde dasselbe für einen selbst tun. Anschließend trank und sang man gemeinsam, um die dörfliche Gemeinschaft zu festigen.

Natürlich war das Bild vom dörflichen Frieden (*Mir*) ein Ideal. Es handelte sich schlicht um gegenseitige Abhängigkeiten. Missgunst und Prügeleien waren an der Tagesordnung. Ein Ort der Blutrache, der Intrige und des Neids. Doch wenn es hart auf hart ging, half man sich. Die Bedingungen waren brutal. Mitunter gab es nur vier Monate fruchtbares Land im Jahr, dann kamen der Frost und die lange Zeit der Dunkelheit. Diese kurzen Perioden extrem harter, explosiver Arbeit und langen Zeiten des mäßigen Nichtstuns prägten den russischen dörflichen Charakter. Das ist es, was Kljutschewskij meinte. Ökonomische Entwicklung war aussichtslos. Planung nahezu wirkungslos. Zu oft wurde die Arbeit zunichte gemacht, durch heftige Stürme, sintflutartige Regenfälle oder die Abberufung zum Kriegsdienst. Auch in Europa gab es ähnliche Formen dörflicher Selbstorganisation, die jedoch gegen Ende des 16. Jahrhunderts mit der Abschaffung der Leibeigenschaft verschwunden sind. In Russland hingegen konservierte der autokratische Staat das kollektive Auf-sich-selbst-gestellt-Sein (*Sobornost*) und entfremdete das Landvolk, immerhin rund 80 Prozent der Bevölkerung, weiter vom Rest der russischen Gesellschaft.

In Putins und Medwedjews Reich hat sich hier nichts wesentlich verändert. Der Staat behandelt seiner Bürger nach wie vor wie Kinder. Und »die da unten« nutzen weiterhin das archaische System der altrussischen Dorfgemeinschaft.

Jurij

Es ist Mittag, wir fahren auf der Smolensker Ufer-Chaussee entlang der Moskwa in die Stadt, um Besorgungen zu machen. Als wir am Weißen Haus – dem Dienstsitz des russischen Ministerpräsidenten – vorbeikommen, hören wir ein dumpfes Geräusch. Wir drehen die Köpfe und sehen auf der Nebenspur eine Limousine stehen. Drinnen sitzt zusammengesackt ein Mann mit einem Loch im Kopf.

Es war der ehemalige tschetschenische Duma-Abgeordnete Ruslan Jamadajew, der soeben an einer Ampel liquidiert worden war.

Der Mir-Approach

Sergej Petrowitsch machte einen ausgezeichneten Eindruck. Wir hatten sämtliche Zeugnisse, Urkunden sowie Referenzen ausgiebig geprüft. Denn im Land der Täuschung muss man auf der Hut sein. Nichts war zu beanstanden. Der Mann hatte im Ausland studiert, sprach fließend Englisch und Französisch. Auch hatte er verschiedene Praktika bei ausländischen Unternehmen absolviert. Ein mehrjähriges Engagement zurück in Russland wies ihn in allen gewünschten Punkten als versiert aus. Ein guter neuer Vertriebschef. Wenig später stellte ich fest, dass Sergej uns zügig weitere gute Leute ans Herz legte, die damals beim Wettbewerber unter Vertrag waren. Gute Leute empfehlen gute Leute. Warum nicht? Was ich zu diesem Zeitpunkt noch nicht wusste: der Mann organisierte in Windeseile ein *Komanda*. Im westlichen Sprachgebrauch würde man das mit Team übersetzen. Allerdings liegen Welten zwischen dem westlich verweichlichten Team und dem, was ein russisches *Komanda* ausmacht, das eine Art atomarer Zusammenschluss ist, der kurzfristig zur Überlebensgemeinschaft wird. So blitzschnell, wie es sich bildet, so schnell kann es sich auch wieder auflösen. Während in Deutschland der Einzelne noch umständlich seine Bedenken wendet, ob er denn nun den Arbeitsvertrag unterschreiben soll oder nicht, haben die russischen Kandidaten in spe noch vor der Zusage ihr komplettes Team zusammengestellt, die finanziellen Bedingungen untereinander abgemacht und die Posten verteilt. Man könnte nun meinen, es handele sich um einen ganz pragmatischen Zusammenschluss. Ganz ist dem nicht so. Brechen in einem *Komanda* ein oder zwei Mitglieder durch *Wolja* oder Abwerbung weg, ist der Bestand des gesamten Arbeitskollektivs gefährdet. Nicht selten zerstreuen sich die Mitglieder schlagartig in alle Winde – und Sie sitzen ohne Abteilung da. Mit einzelnen *Komanda*-Mitgliedern zu verhandeln, ist schwierig, da in Russland zwar alles ein Geheimnis ist, aber jeder davon weiß. Sollten Sie also einen Deal aushandeln, können Sie davon ausgehen, dass spätestens in fünf Minuten das *Komanda*, wenn nicht die komplette Firma, vollständig informiert ist. Während Sie noch an Ihrem Coup feilen, werden auf den Gängen fröhlich die Details der Absprache diskutiert. Das heißt aber nicht, dass sich – wie in Deutschland – von nun an eine Schlange vor Ihrem Büro bildet mit einem: Wenn der Müller, dann ich auch … In Russland wird meist im Paket verhandelt. Die russische Variante geht so: Sie erhöhen umgehend mein Gehalt, oder die komplette Abteilung ist morgen weg. Russischer Zangengriff.

Das *Komanda* hält zusammen wie Pech und Schwefel. Das kann in Krisenzeiten Ihr Nutzen sein. Alle sind an Bord und packen an. Die Mannschaft steht wie eine Eins. In Krisenzeiten läuft man zur Hochform auf. Allerdings müssen Sie damit rechnen, dass bei Konflikten mit der Hierarchie nicht selten das Kollektiv gegen Sie steht. Das kann dann bedeuten, dass die Mannschaft, die noch gestern mit Ihnen Blut geschwitzt und Tränen vergossen sowie Tag und Nacht das Unmögliche gestemmt hat, urplötzlich in einem Gerichtsprozess als Zeuge auftritt und einmütig beschwört: Ja, der Chef hat die goldene Uhr gestohlen.

Während Sie sich noch im Taumel von Fair- und Unfair-Kategorien befinden, berührt die Attacke das Unrechtsbewusstsein des *Komandas* keineswegs. Denn Hierarchie ist ja per se nicht vertrauenswürdig. *Sobornost*, man hilft sich lieber selbst. Wie schon seit 1000 Jahren. Das *Komanda* bietet Schutz, ist heimelige Rückzugsmöglichkeit vor der Kälte draußen, vor dem dauerhaften Gefühl des Verstoßenseins. Nach außen versucht man den offiziellen Erfordernissen, den Ansprüchen eines westlichen Managements gerecht zu werden. Doch de facto führt das *Komanda* ein Eigenleben.

Erhalten Sie beispielsweise die Zustimmung Ihrer Mitarbeiter, dann bedeutet das noch lange nicht, dass die Sache gelaufen ist. Meist sogar das Gegenteil. Ebenso verweist die Unterschrift eines unter mörderischem Aufwand ausgearbeiteten Vertragswerks keinesfalls darauf, dass man sich nun daran halten wird. Eher beginnt man bald wieder mit neuen Verhandlungen und zeigt, dass man auch zukünftig das Geschriebene nicht unbedingt achtet. Was der Westler sogleich als heuchlerisch bezeichnen würde, ist es nicht. Was verschlagen erscheint, ist schlicht der Kampf mit der Bipolarität. Denn die Subordination ist nur rein äußerlich die erste Pflicht. Was man dann nach innen tut, ist eine ganz andere Frage. *Man muss schließlich überleben.*

So haben Sie es im russischen Normalleben wie auch im Geschäftsleben mit zwei Ansätzen zu tun. Mit dem offiziellen Business-Approach, der im Russischen unter *Gosu-*

darstwennyj rangiert, und dem *Mir*-Approach. *Gosudarstwennyj* heißt soviel wie Obrigkeit und wird daher grundsätzlich misstrauisch betrachtet. Sie sagen an, der Mitarbeiter macht's. Funktioniert aber nicht. Gelegentliche Pilger aus dem europäischen Mutterhaus klappen nach Marathon-Sitzungen im Zarenland mit scharfen Fragen und zackigem Zeitplan (»Fly in and find out«) die Laptops zu und tönen: Geht doch! Und tatsächlich, Ihre Mitarbeiter spielen im geschniegelten Outfit perfekt mit. Meister der Verstellung. Sie freuen sich geradezu unbändig, wenn einer der anwesenden Ausländer ein russisch gebröckeltes *Sdrawstwujtje* (Guten Tag) ausspuckt. Kugeln sich bei allen Witzen, die über den Wodka, den Schnee und Putin herausgehauen werden. Kein Scherz, keine Nachfrage ist zu primitiv oder zu verletzend. *Schließlich sitzt hier die überlegene Kultur am Tisch.* Mag sein. Allerdings kommen Sie mit dem Ansatz nicht weit. Denn der Russe ist servil, aber dann ist das Ergebnis unbrauchbar. Was wirklich funktioniert, ist der *Mir*-Approach. *Mirskoj* – das klingt in russischen Ohren gleich ganz anders. Das ist der dörfliche Frieden, das ist Freiheit, das ist kollektives Miteinander. Ganz nach dem Kosakenprinzip des freien Mannes sind Ihre Mitarbeiter so etwas wie Söldner. Sie schließen sich kurzfristig zu einer Interessengemeinschaft zusammen. Risikostreuung. Gegen gute Bezahlung und ein gradliniges Grundklima, das Härte nicht ausschließt, sind sie bereit, das ihrige zu tun. Bereit, Ihnen, dem Patriarchen, in kritischen Situationen zur Seite zu stehen. Es ist zwecklos, mit dem Business-Approach dauerhaft regieren zu wollen. Dies wäre auch in den Augen Ihrer Mitarbeiter nicht Härte, sondern Zeitverschwendung. Denn im obrigkeitsgetönten Ambiente fühlt man sich unwohl. Auf Druck qua Amt wird kindlich reagiert: Es wird geschworen, mit rein gar nichts etwas zu tun zu haben, auch nicht mit dem eigenen Aufgabengebiet. Man verspricht, in Zukunft alles zur Zufriedenheit zu erledigen. Oft fließen Tränen, auch bei Männern. Am nächsten Tag haben Sie die Kündigung auf dem Tisch. Der Mann hat *Wolja* gemacht, heißt es dann. Sie sollten sich daher ganz auf den *Mir*-Approach konzentrieren.

Sich der *Mir*-Loyalität zu versichern, ist allerdings nicht so einfach, wie Sie möglicherweise denken. Haben Sie den Höllenjob in Russland nur angenommen, um Geld zu verdienen und um einen weiteren aparten Baustein in Ihren Lebenslauf einzufügen, werden Sie mit hoher Wahrscheinlichkeit scheitern. Sie müssen Tugenden erlernen, die Sie als Deutscher im Normalfall nicht besitzen. Erstens: Herz. Zweitens: Flexibilität. Drittens: Vertrauen, dass die Russen besser als Sie wissen, was geht. Viertens: Lust am Feiern.

Ihre Rolle als Firmenchef ist die des Partriarchen. Sie sind in erster Linie zuständig für die äußeren Bedingungen des dörflichen Friedens (*Mir)*. Abtreibungen, kranke Familienmitglieder, Beerdigungen. Geben Sie Ihr ganzes Herz! Ein Russe spürt über 1000 Werst, ob Sie es ehrlich meinen. Und sorgen Sie dafür, dass der Rubel rollt. Machen Sie Geschäft, nicht Management. Denn der *Mir*-Approach plant nicht, er sucht die Gelegenheit. Und die ist reichlich in Russland. Denn wenn gearbeitet wird, muss gefeiert werden. Diese Lebensweisheit kennen wir auch im Westen. Nur dass man in Russland das Feiern mitunter ernster nimmt als das Arbeiten. Mittels des Trinkens und Essens wird das *Komanda* gefestigt. Das heißt nicht, dass

Sie sich auf jeder Firmenfestivität betrinken sollen. Aber der Trinkspruch hat Bedeutung. Zeigen Sie, dass Sie einer von ihnen sind. Gemeinschaft ist alles. Geschenke sind ein weitereres, höchst wichtiges Instrument in der *Mir*-Welt. Sie werden sich wundern, dass ständig Opfergaben auf Ihrem Tisch liegen. Auch ohne Anlass. Präsente, kleine Aufmerksamkeiten werden zu jeder Tages- und Nachtzeit überreicht. Ein Apfel, frische Beeren, eine Schokolade von der Dienstreise. Denken Sie nicht an Bestechung. Diese Morgengaben sind unerlässlich. Notwendiges Schmiermittel zur Stärkung der Gemeinschaft. Und Ausdruck von Loyalität. Sind Sie trotzdem der Meinung, dass die Leute schließlich bezahlt würden und daher Distanz zwischen Führung und dem Rest nötig sei, liegen Sie gnadenlos falsch. Schon vor 300 Jahren war man im russischen Dorf überzeugt, dass ein Nachbar, der für Hilfe bezahlt habe, nur ein Deutscher und damit ein schlechter Nachbar sein könne. In puncto Geschenke und Feiern gibt es kein Abseitsstehen. Zeigen Sie, dass Sie Khan sind. Geben Sie! Dann dürfen Sie auch hart durchgreifen.

All das sind jahrhundertelang geübte Gewohnheiten, die ein Netzwerk von Abhängigkeiten schaffen, mit dem zukünftige Notsituationen erfolgreich gemeistert werden können. Die Krux: In Russland kennt man Arbeit nur als Notfall. Langfristiges Planen steht auf keiner Tagesordnung. Zu groß sind die Risiken, die einen Erfolg zunichte machen könnten. In den Zeiten also, in denen der Notfall nicht auftritt, wird gar nicht oder nur mäßig gearbeitet. Kurioserweise werden dadurch erst neue Notfälle geschaffen, die anschließend unter Aufwendungen unmenschlicher Anstrengungen im *Komanda* mittels *Krugowaja Pomotsch* behoben werden. Und dann wird gefeiert.

Naschi, ne Naschi – Die da oben, die da unten

Glauben Sie ja nicht, dass das herrliche komfortable System der *Krugowaja Pomotsch* Sie nun zum akzeptierten Gleichgesinnten macht. Sie, der Boss, und ihre Helfershelfer, ganz dem Altruismus hingegeben: Kollektiv, Kommunismus, gemeinsam sind wir stark. Weit gefehlt. Sie sind und bleiben einer »von den anderen«. Sie sind Hierarchie. Und das Kollektiv hält zusammen wie Pech und Schwefel.

Eine Anfrage meines Sekretariats um neun Uhr morgens, die Chefin möchte Sergej Wasiljewitsch sprechen, setzt in Sekundenschnelle mindestens 15 Mobiltelefonate des Kollektivs in Bewegung: Erstens um herauszufinden, wo Sergej überhaupt ist. Zweitens um zu fragen, ob er denn kommen will. *Es handelt sich schließlich nicht um einen Notfall.* Und drittens um zu klären, wann er das Büro erreicht. *Stau.* Gleichzeitig versucht mein Vorzimmer seinerseits einzelne Mitglieder des Kollektivs und Sergej selbst telefonisch zu erreichen. Die Telefonate blockieren sich nun gegenseitig. Wobei das ständige Belegtzeichen nur zu gesteigerter Aktivität, einem noch heftigeren und nun gleichzeitigen Wählen auf dem Mobiltelefon und dem Festanschluss führt. Schließlich verlässt Galina, meine Sekretärin, das Büro. Sie will drüben im Nebengebäude beim

Kollektiv Näheres über die Lage erfahren. *Telefonieren kann man ja nicht mehr.* Mein Büro war für rund 40 Minuten lahmgelegt.

Von alledem bekam ich zunächst nichts mit. Mein kurzer Zwischenruf, fünf Minuten nach Erteilung des Auftrags, Sergej Wasiljewitsch sprechen zu wollen, wo denn nun der Sergej bleibe, wird mit einem »*Budjet!* – Kommt!« beantwortet. Meine wiederholte Nachfrage lässt ein wiederholtes »*Budjet, Budjet!*« folgen. Tee wird gebracht. Die ersten Äpfel erreichen meinen Schreibtisch. Ich werde sauer und will der Sache auf den Grund gehen. Schließlich ist jetzt auch Galina weg. Also auch rüber zum Nebengebäude. Wir wollen doch mal sehen, wer hier der Herr im … *Der Sicherheitsdienst im Nebengebäude hat die feindliche Bewegung schon nach oben kassibert: Chefin kommt!* Oben treffe ich auf Galina, das Kollektiv und weitere dem Kollektiv freundlich gesinnte Kollegen, die allesamt Sergej retten wollen. Einzig meine grinsende Nachfrage »*Bypil?*«, wörtlich übersetzt: »Hat er alles ausgetrunken?«, umgangssprachlich: »Hat er gefeiert?«, ringt Galina ein Schmunzeln ab. Eine kurze Sekunde, in der ich eine von ihnen bin.

Noch immer gibt es »die da oben« und »die da unten«, und keiner weiß wirklich vom anderen. Und tatsächlich macht die russische Sprache einen deutlichen Unterschied zwischen »wir« (*my*) und »die anderen« (*oni*), zwischen »die unsrigen« (*naschi*) und »keine(r) von uns« (*ne naschi*). »Die anderen« – das ist in jedem Falle die Obrigkeit und die ist feindlich gesinnt. Probleme regelt man unter sich.

Der ständige Konflikt zwischen Elite und Masse in der russischen Geschichte, die Radikalität der Kursänderungen, die als das absolut Gute gegenüber dem absolut Bösen verkauft wurden (Zwangseuropäisierung Peters des Großen, das nationale Erwachen, die Revolution von 1917, auch die post-sowjetische Ära), die Erbarmungslosigkeit der klimatischen Bedingungen – all das mag zu einem nachlassenden Elan für Experimente und damit zum Rückzug in gewohnte Muster geführt haben.

Das Vakuum zwischen den Welten zu füllen, ist bis heute nicht gelungen. Der Erfolg Putins mag sicherlich zu einer sich noch vertiefenden Kluft geführt haben. Freiheiten gibt es viele, aber den Staat hat man nicht zu stören. Dem gemeinen Bewohner im Zarenland ist das nur recht. Setzt er doch das Vakuum, ja jeden Stillstand, mit Stabilität gleich. Man hat genug von ideologischen Scharmützeln und Kämpfen. »Die da oben« sollen »uns da unten« doch mal gepflegt in Ruhe lassen. Die Leere im neuzeitlichen Russland wird gefüllt mit Entertainment und Shopping.

Jurij

Flucht ins Närrische. Alles ist möglich. *Bywajet*! eben. Jurij chauffiert mich wieder nach Jaroslawl. Unterwegs ergibt sich die Gelegenheit für einen kleinen Plausch.

»Was macht Dein Onkel Kolja?«, frage ich gelangweilt.

»Der hat gestern sein Pferd auf dem Balkon geparkt«, tönt es lapidar von der Fahrerseite.

Der Onkel war schlicht des Nachts volltrunken von der Arbeit nach Hause geritten. Er lebt außerhalb. »*Technitscheskij Alkogol*«, sekundiert Jurij meine Gedanken. Jener Alkohol, den man sich aus dem Wischwasser der Autos zieht, wenn der Rubel nicht reicht, und der einen auf Dauer um den Verstand bringt. Sein Pferd hatte er im sechsten Stock auf dem Balkon angebunden. Unten war kein Platz gewesen.

Skoraja Pomotsch – Russen sterben schneller

Lepra? Typhus, ja, das wusste ich, Typhus gibt es in Russland. Den Schanker angeblich auch. Wenigstens für die Arbeitsbehörde, denn die fragt alle sechs Monate nach der ominösen Geschlechtskrankheit. Aber Lepra? Oder vielleicht die Pocken? Ein niederschmetternder Anblick. Rote eitrige Pusteln. Das Gesicht geschwollen. Fortschreitender Zerfall auch auf meiner Lippe. Zwei deutliche Risse bahnten sich einen entzündlichen Weg zu den Nasenflügeln. Die Wurst aus dem *Produkti*-Laden nebenan schied als Verursacher aus, obschon man gelegentlich – nach ihrem Genuss – kotzend über der Kloschüssel hängt. Nach wie vor bleiben die inländischen Erzeugnisse dem russischen Magen vorbehalten, der sich nur noch ab und zu an den heimischen Produkten vergiftet. Seis drum. Ein Fachmann musste her. Galina fand einen Hautarzt in einem Moskauer Krankenhaus. Dass der Ahnung hatte, war rasch klar. »Ja, sind Sie denn wahnsinnig? Wissen Sie nicht, dass man unser Zeug nicht nehmen kann? Alles gefälscht!«

Ich war verblüfft. Schließlich hatte ich mir weder den Szene-Hustensaft »Stalins Rückkehr« noch die Pillen »Moskau erwacht« verabreicht. Mein Produkt war von Schering, das außerhalb der Stadt hergestellt wurde: die

Antibabypille. Galina hatte sogar zuvor per Telefon in Deutschland nachgeprüft, ob es sich hier um selbige Tabletten handelte, die auch in meiner Heimat angeboten würden. Auf der Packung war die mir bekannte Zusammensetzung der Wirkstoffe notiert. Wie konnte ich wissen, dass mindestens 20 Prozent aller Medikamente auf dem russischen Markt Fälschungen sind. Entweder man schluckt die mindere Version mit nicht allen Komponenten im Gemisch oder man vergiftet sich gleich komplett mit der neurussischen Variante aus der Fälscherwerkstatt. Nur Importware oder zum Ausländer, heißt die Devise. Das wird allerdings teuer. Wer zahlt, wird besser behandelt. Nur wer es sich in Moskau leisten kann, in das European Medical Center in der Spiridonewskij-Gasse zu gehen, oder bei den amerikanischen Kollegen löhnt, kann sicher sein, medizinisch auf internationalem Niveau versorgt zu werden.

Was post-sowjetisches Niveau bedeutet, erfuhr ich, als der erste Schnee gefallen war. 40 Grad Fieber, Koliken im Bauch und einige Stunden in erniedrigter Lage zwischen Diwan und Esstisch brachten mich schließlich in eines der besseren Krankenhäuser der Stadt. Galina, kampferprobter Terrier im russischen Alltag, hatte ausreichend Geldscheine aus meiner privaten Kasse in ihr Handtäschchen gestopft. Immerhin wollte ich zum Oberarzt. »Erst die Voruntersuchungen!«, mahnte es streng von einer Medizin-Mütze. Die untergeordneten Ränge in der russischen Krankenhauswelt tragen Mützen, das Führungspersonal dagegen gewaltige 30-Zentimeter-Hauben. *So weiß man wenigstens, wer die Zuschüsse einsteckt.* Die Koryphäen begannen mit der Gynäkologie. »Nein«, wehrte ich mich, »ich bin nicht schwanger, ich habe keine Abzesse und noch alle zwei Eileiter. Auch Drillinge habe ich nie geboren.« Dennoch wühlten mehrere Amtspersonen ausgiebig in meinem Vaginalbereich herum. Die metallenen Geräte eiskalt, die Einfühlsamkeit gering. Dann die Brust. »Ja, Herrgott, was sollen denn meine Brüste jetzt mit meinem Bauchraum zu tun haben?« – »Ruhe!« tönte Haube Nummer eins. »Wenn Sie sich nicht augenblicklich benehmen, fliegen Sie raus.«

Schließlich, es war früher Abend, näherten wir uns meinem Gedärm. Ein Ultraschallgerät sollte endlich den Durchbruch bringen. Das wiederum rief eine heftige Erinnerung in mir hervor. Das traumatische Erlebnis hatte 1993 im nachbarschaftlichen Tempel russischer Medizinkunst – ebenfalls in Moskau – stattgefunden. Nach einer ausgiebigen Ultraschall-Examination stellte man damals die Diagnose: Gebärmuttertumor. Eindeutig! Gebeutelt ob der entsetzlichen Nachricht rief ich sogleich meinen Münchner Frauenarzt an, der mich erst sechs Monate zuvor für vollkommen gesund befunden hatte. Die Erlösung kam durch den Äther: »Ah was, di wern halt die Blasn für an Tumor g'halten ham.« So war es dann auch.

Haube zwei schob mich also zur letzten Etappe der Vorarbeiten: Großes Blutbild. Als ich sah, dass die Nadel nicht aus einer frischen Verpackung genommen wurde, war mir klar: Galina hatte unseren Beitrag zur Wissenschaft noch immer nicht an der richtigen Stelle absetzen können. Ich aber war zu erschöpft, zu fiebrig, wollte nur zum Oberarzt. Der blickte dann lang und ausgiebig auf einen großen Stapel Papier. Ob es sich hier um mein Schicksal handelte? Eine Niederrangmütze bedeutete mir mit eindringlichem Blick, jetzt nicht die nahende Diagnose zu vereiteln, und keinesfalls Zwischenfragen zu meinem Zustand zu stellen.

Die Großhaube drehte sich endlich väterlich zu mir und brummte: »Wir haben nichts gefunden. Vielleicht doch eine Frauensache.« Nach Erhalt dieser umfänglichen Feindiagnose und der Abgabe eines fürstlichen Zuschusses hielt mich nichts mehr auf meinem Holzstühlchen. »Ich habe 40 Grad Fieber, verdoppelte Leukozyten, und Sie behaupten, da ist nichts?« – »*Dewuschka*, Mädchen, regen Sie sich nicht auf. Gehen Sie nach Hause, trinken Sie Tee. Wenn der Bauchschmerz wieder kommt, rufen Sie die Ambulanz und stellen sich nochmal bei mir vor.« Am übernächsten Mittag lag *Dewuschka* in einem Frankfurter Krankenhaus und wurde auf eine große Bauchraum-Operation vorbereitet.

Nur die Hälfte der russischen Bevölkerung hat Zugang zu adäquater medizinischer Versorgung. Und auch das nur bei Warteschlang und Schmiergeld. Etwa 50 Prozent aller Aufwendungen für das Gesundheitswesen kommen direkt aus der Tasche der Patienten, schätzt das zuständige russische Ministerium. Wenn die Diagnosen der Ärzte dann im Durchschnitt der meinigen ähneln, sollte man sich besser selbst behandeln. Schließlich verweisen Zahlen darauf, dass ich kein Einzelfall war. Die Lebenserwartung eines russischen Mannes liegt bei rund 58 Jahren, die einer russischen Frau bei etwa 72 Jahren. Das ist eine – im Vergleich zu Westeuropa – verkürzte Lebenszeit von 16 Jahren für die Männer und von zehn Jahren für die Frauen. Kein Wunder bei *der* medizinischen Versorgung. Ein befreundeter Arzt und Russlandliebhaber, der alle paar Jahre gen Osten reist, um gemeinsam mit den dortigen Oberärzten neue Operationstechniken westlichen Standards zu erproben, sagte mir, dass der Stand der russischen Medizin in den großen Städten etwa auf dem Deutschlands gegen Mitte der fünfziger Jahre liege. Ebenfalls kein Mirakel, dass sich seinerzeit Boris Jelzin von diesem deutschen Chirurgen hat operieren lassen und nicht vom eigenen Personal.

Die Russen sind hier ausnahmsweise einmal Realisten. Hartnäckig hält sich die Volksweisheit, dass der Wodka noch immer der beste Doktor sei. Man hilft sich eben selbst. Medizinischer Problemlöser gleich in zweierlei Hinsicht, hilft der Stoff gegen die lauernden Vergiftungsgefahren im schlechten Fleisch und er pflegt die geschundene Seele. Die neuen Etiketten, mit denen für das tröstende Gift geworben wird, verheißen denn auch Erlösung von aktueller Erniedrigung: »Stalins Tränen« für den Verlust territoritaler Einflussnahme, »Männliche Würde« oder auch »Nur nach oben« als Ersatz finanzieller Potenz. Für diejenigen, die der Utopie verhaftet bleiben wollen, gibt es »Putinka«, abgeleitet von *Put* (Weg). Für diesen Wodka wird folgerichtig mit dem Slogan »Alle Wege stehen offen« geworben. Wie schlimm es um die Volksseele steht, zeigt die aktuelle Studie der russischen Gesellschaftskammer, nach der jeder vierte Russe heutzutage am Wodka stirbt. Ergo forderte Michail Gorbatschow, zufällig Namensträger eines sehr erfolgreichen Exportproduktes, mal wieder eine Alkohol-Mission – wenigstens zur Mengenreduzierung. Derzeit trinkt ein Russe im Durchschnitt 19 Liter Alkohol pro Kopf und Jahr im Vergleich zu einem Deutschen, der mit fünf Litern dabei ist. Versuche, den Sturztrunk zu zügeln, gar den Sprit ganz zu verbieten, gab es viele. Zar Nikolaj versuchte es 1914, Gorbatschow mehrfach und 2009 Präsident Medwedjew.

Das war nicht immer so. Werfen wir doch – wieder einmal – einen Blick in die Geschichte. Der Wodka selbst wurde vermutlich Mitte des 15. Jahrunderts von russischen Mönchen kultiviert, nachdem eine Delegation im fernen Ferrara gesehen hatte, wie man dort Aquavit herstellte. Die Idee, Ähnliches aus dem Moskowitischen Korn herzustellen, lag auf der Hand, da man durch die Dreifelder-Wirtschaft einen ansehnlichen jährlichen Überschuss an Getreide hatte. Die noch heute liebsten Getränke der Russen, der *Kwas* (ein Brottrunk) und der Wodka, stammen aus dieser Zeit. Weder der Zar noch die Kirche hatten damals ernstes Interesse, das öffentliche Trinken zu beschränken. Zar Alexander bemerkte, dass keine andere Einkommensquelle seine Schatzkammer so regelmäßig und pünktlich erreichen würde wie die Einnahmen aus der Alkoholproduktion. In der Tat machte im 18. Jahrhundert der Alkohol knapp die Hälfte der indirekt erhobenen Steuern des Reiches aus. Der Alkoholkonsum war heftig, aber nicht stetig, rief also keine größere Besorgnis hervor. Allein 200 Fastentage im Jahr gab es, während derer das Trinken verboten war. Also blieben nur 160 Tage zum Bedröhnen der gekränkten Seele. Dann aber richtig: Wenn die Russen trinken, dann bis zum Umfallen. Auch dafür gibt es ein Wort: *Zapoj*. Nicht zu verwechseln mit dem *Fingal*. Das ist das, was Sie über dem Auge haben, wenn Sie nach durchzechter Nacht wieder aufwachen.

Öffentlichkeitswirksam wird heute die Notwendigkeit einer Lösung der dauernden Trunkenheit und ihrer letalen Folgen mit der ohnehin galoppierenden Dezimierung der Bevölkerung begründet. Im Jahre 2050 werden aller Voraussicht nach nur noch rund 90 Millionen dem Schnaps zugetan sein. Doch anstatt dem Individuum Alternativen zu bieten, ist der Staat wieder einmal nur auf sich selbst und seine Bedürfnisse konzentriert. Machen wir es kurz: In einem Land, in dem das Bewusstsein und die Möglichkeiten für eine gesunde Lebensweise so unterentwickelt sind wie derzeit in Russland, macht es für den Normalrussen keinen Sinn, auf den Sprit zu verzichten. Am Ende stirbt er an einer Fehldiagnose im Krankenhaus. Wenn er sich überhaupt ein Krankenhaus leisten kann.

Neue russische Elite

Ein wenig stolz war ich schon, dass es mir gelungen war, ein solches Treffen zu arrangieren. Natalja hatte sich noch Monate zuvor lustig gemacht: »An die Oligarchen kommst du nicht ran! Selbst wenn du blond wärst.« Als sie mich dennoch mit gezücktem Füllfederhalter über mein Briefpapier gebeugt sah, hielt sie sich den Bauch vor Lachen: »Weißt du nicht, dass bei uns keiner einen Brief schreibt? – Von den *Tschinowniki* abgesehen.«

Natalja meinte die Nomenklatura-Oligarchen. Jene Männer, die während der Sowjetzeit in den Apparaten der Partei erzogen und zu Rang gekommen waren. Mit ausreichend Insiderinformationen ausgestattet, privatisierten sie während des hernannahenden wirtschaftlichen Zusammenbruchs die Staatsunternehmen, denen sie vorstanden. Ausreichend versorgt – nun als Mehrheitsaktionäre – half man fortan sich selbst und denen, deren Schutz man brauchte.

Man kam zwar an diese Leute heran, allerdings ohne Ergebnis. Ihre Xenophobie und der uns fehlende Stallgeruch machten es nahezu unmöglich, mit diesen an der Macht Verbliebenen ins Geschäft zu kommen. Das waren Apparatschiks. Wie man abserviert wird, wenn man dieser Kultur trotzt, hatte ich selbst schon erfahren. Ich war bis in die erste Etage eines führenden Energieversorgungsunternehmens vorgedrungen und saß erwartungsvoll im Wartesaal zum Direktorenzimmer. Das war mit erschreckend riesigen Hirschgeweihen, die über meinem Kopf thronten, und opulenten Ledersesseln im englischen Kolonialstil ausstaffiert. Ich versank also in einem Meer von Tierhäuten und -hörnern und war durch die Ausrichtung meines Sitzmöbels gezwungen, auf ein charmantes Putin-Portrait zu schauen, das zwischen zwei Geweihen an einer PVC-Wand hing. Ich und Putin fixierten uns eine endlos lange Weile, bis ich nachgab und ihn schlussendlich unter »gutaussehend« eingeordnet hatte. Da ging die Tür auf, und man bedeutete mir einzutreten. Der Herr Generaldirektor wandte mir den Rücken zu und telefonierte, die Füße auf der Heizung. Was hier vor sich ging, ähnelte mehr einem höfischen Zeremoniell im orientalischen Stil als einem Business-Meeting, wie wir es kennen. Mal ging er weg, mal aß er, dann telefonierte er wieder. Mal schien ich nicht anwesend zu sein, dann wieder stellte er kurze eindringliche Fragen. Ich war hin- und hergerissen, welche Verhandlungsstrategie ich anwenden sollte, um doch noch zu einem Abschluss zu gelangen: Lobpreisung nationaler technischer Großleistungen oder sofortige Unterwerfung. Letzteres konnte ich bei den »unteren Rängen« des Imperiums ausmachen: Ständig strömten sie hinein ins Direktorenbüro, machten Bücklinge und rutschten wie auf Filzpantoffeln geräuschlos wieder heraus.

Diese Erfahrung hatte ich also bereits hinter mir. Daher verfolgte ich jetzt den Plan, sogenannte Upstart-Oligarchen kennenzulernen. Eben diejenigen, die in der Sowjetzeit nicht in die Nomenklatura eingebunden waren.

Oftmals handelte es sich hier um junge Männer mit einem nicht-russischen Elternteil, die Mathematik oder Physik studiert hatten, permanent pleite waren und risikofreudig in den 80er Jahren im Schwarzmarkthandel erste unternehmerische Erfahrungen zu sammeln begannen. Man gründete kleine Firmen, war im Verpackungshandel oder in der Gebäudereinigung tätig, importierte nachgefragte Westprodukte wie Zigaretten, Parfüm und Kopiermaschinen. Den entscheidenden Schub zum Reichtum erhielten diese Jungunternehmer durch die Inflation der 90er Jahre. Man wurde Banker. 75 000 US-Dollar genügten damals, um ein Finanzinstitut zu gründen. Nun wird man mit einer Bank ja nicht gleich zum Milliardär, werden Sie denken. Fortuna, List und Tücke taten jedoch ein Übriges. Die umtriebigen Unternehmer erkannten, dass die Steuereinnahmen nur spärlich flossen und es dem Staat immer schwerer fiel, seine Rechnungen zu begleichen. Da boten sie dem Kreml einen Deal an: Man leihe ihm Geld und erhalte dafür als Sicherheit Anteile an den Unternehmen des Reiches. Öl, Stahl und Gas beispielsweise. Sobald die Steuern wieder ausreichend flössen, könnte der Präsident das Darlehen zurückzahlen. Gelänge dies nicht, dürften die Banken die Anteile in einer Auktion veräußern. Würden daraus Überschüsse erzielt, kämen diese dem Staat zugute. Jelzin griff zu. Der weitere Verlauf der Geschichte ist bekannt: Die Unternehmen fielen für die sprichwörtlichen Kopeken an die jetzt jungen Oligarchen.

Natalja hatte auch hierzu eine dezidierte Meinung und lenkte ein: »Stimmt schon. Gutes Geschäft machst du bei uns nur mit denen. Aber sei vorsichtig.« Natürlich erzählte man sich auch in Moskau die Geschichten über kriminelle Machenschaften, Auftragsmorde und die Bandenkriege der 90er. Mancher war bestürzt. Mancher reagierte mit Schulterzucken. »Nu, das waren so Zeiten«. Die meisten jedoch bewunderten eben diese gerissene Aneignung von Reichtum.

Ich schrieb also dennoch einen Brief. In blauer Tinte und auf edlem Papier. Den überbrachte mein Fahrer Jurij, da die russische Post unzuverlässig ist. *Wer interessiert sich schon für Tschinowniki-Schreiben?*

Wenn alle Tataren so sind, dann behüte uns Gott. Grigorij kam, sich selbst genug, im nicht nennenswerten Zweireiher, mit spielerischer Übernahmelust. Er strotzte vor Lebensfreude, sandte hin und wieder eine Welle herüber, die erdige Leidenschaft erahnen ließ, und bestellte en passant ein Dinner, das für eine Familienfeier gereicht hätte. Wir unterhielten uns erst einmal angeregt über den Totalitarismus, den russischen wie den deutschen. Der Mann hatte an der Columbia University in den USA Geschichte und Jura studiert, stammte von der Krim und arbeitete jetzt für einen Upstart-Oligarchen.

Nach einer kurzweiligen Ewigkeit begannen wir über das Geschäftliche zu reden. Grigorij war einfach brilliant. Schnell im Kopf, präzise in den Aussagen, weltgewandt. Das ganze Paket: eine Wucht. Wenn das die neue Elite Russlands ist, dann können wir uns aber warm anziehen, dachte ich.

Mein Gedanke bewahrheitete sich, als wir erneut in größerer Runde zusammenkamen. Diesmal waren Abgesandte vom deutschen Mutterhaus dabei: Ja, das war schon was, mit dem zweiten Mann eines *der* Oligarchen zusammenkommen und über Geld reden zu können. Ost und West unter sich. Unsere Truppe hatte sich schon frühzeitig im vereinbarten Restaurant positioniert, eingedeckt mit verdichteten Übersichtslisten und enorm viel Mineralwasser. Und da war er schon, Grigorij, der seine zwei Meter elegant zu unserem Tisch schob. Im Schlepptau hatte er eine Brünette von rauer Schönheit, deren verhärmter Mund auf hart erarbeitete internationale Karriere-Meriten schließen ließ.

Grigorijs blitzschnelle Eröffnung, kaum dass er saß, war professionell, amerikanisch und akzentfrei. Das »I did that …«, »then I bought this« und »our IPO will be done …" beeindruckte durchaus, dann schob er schlagartig nach: »What do you want to buy from us?« Da unsere Abteilung ob der unverblümten Nachfrage erstaunt zögerte – soll man sich aus Höflichkeit erst einmal der Vorspeise widmen oder gleich zum Angriff blasen? –, ergriff ich die Gelegenheit und schlängelte mich in die Lücke: »Sie haben dieses Zeitungshaus. Exakt dafür interessieren wir uns.« Grigorij grinste, schenkte Wein nach und zeigte stumm sein Wohlwollen. Währenddessen schaltete unsere Mannschaft in den Kampfmodus um, der den Versuch unterstrich, mit der Überlegenheit einer jahrhundertealten Kaufmannstradition und ganz Europa im Rücken nur keine Hektik aufkommen zu lassen. Man sei nicht dringend interessiert, man wolle nur einmal eruieren, wie hier so der Markt …

Dass diese Form des höflichen Sich-Heranschleichens in den Kreisen dieser neurussischen Haifisch-Elite nicht gut ankommt, zeigte die Reaktion der Brünetten. Pfeilschnell schaltete sich die jetzt ein. Ihr Mund verzog sich: »Meiner Ansicht nach haben Sie ein Problem.« Und zack, eins, zwei, drei – fertig war die Tiefenanalyse unserer Unternehmungen in Russland! Kein Wunder, die Frau hatte in England

Physik studiert, war einige Jahre bei McKinsey gewesen, hatte anschliessend in den USA zwei gutgehende Firmen gegründet und war nun nach Moskau zurückgekehrt. Die Attacke brachte wiederum Wallung in unsere Reihen: Endlich Analyse! Es wurde brilliant gekontert. Es wurde messerscharf diskutiert, das begehrte Objekt eingekreist, Marktchancen beleuchtet, ja es gelang sogar, diesen weiblichen Zerberus zentimeterweise zurückzudrängen.

Als die Nachspeise serviert wurde, hofften wir auf eine kleine Verschnaufpause. Schließlich war in punkto Kulturenclash zwischen Suppe und Hauptgang einiges vorgefallen. Weitere Verhandlungen, die detaillierte Prüfung des Zahlenwerkes sowie die Abstimmung mit dem Headquarter würden ohnehin erst in den nächsten Wochen stattfinden. Und ob Grigorij und seine Leute dann verkaufen würden, musste auch noch abgewartet werden. In diesem Moment ereilte uns abermals das hyänenartige Aufblitzen der Brünetten. Ob wir denn nicht vorhätten, auch noch ein weiteres Objekt abzunehmen? Ja oder nein?, wollte sie wissen. Bei uns machte sich jetzt ein genervtes »Nu is aber mal gut« breit. Wie man Geschäfte macht, wissen wir schließlich auch. *Nur viel bedächtiger und nicht so risikoreich.*

Endlich meldete sich Grigorij wieder zu Wort. Er hatte, schien mir, einen Sinn für uns Europäer. Schließlich war ein mit Tinte geschriebener Brief kein Hindernis gewesen, meiner Einladung zu folgen – wie Natalja zuvor geunkt hatte. Ungeachtet der interkulturellen Scharmützel, die stattgefunden hatten, erhob er sich in aller Ruhe und fragte charmant an, ob wir am morgigen Abend »bieten« könnten. Er wollte sogleich klären, ob das Objekt zu haben sei, die notwendigen Zahlen würde er in zwei Stunden liefern.

Grigorij schenkte mir noch einen langen Blick und verschwand.

Im Deal Making sind viele Russen qua Naturbegabung blitzschnell und haben ein untrügliches Gespür. Kommt dann noch eine internationale Ausbildung dazu, ist das eine brandgefährliche Mischung. Man sitzt nicht mehr am Katzentisch. Endlose Powerpoint-Präsentationen, Rückversicherungen in jedwede Abteilung, nicht enden wollende Abstimmungsprozesse – alles Unfug. Bei der neuen Elite steht der Deal und nur der Deal im Vordergrund. Das bedeutet nicht zwingend, dass alles »schwarz«, korrupt und nicht von Dauer ist. Man arbeitet inzwischen mit internationalen Wirtschaftsprüfungsgesellschaften zusammen, ist exzellent vorbereitet, spricht mehrere Sprachen und weiß genau, wie die westliche Welt tickt. Während so mancher unserer Normalmanager noch unkoordiniert im Batman-Kostüm herumflattert, haben diese neurussischen »Brains« glasklar ihr Ziel vor Augen. Mit Ass-Saving hält man sich nicht auf.

Denn in Russland geht ein Deal nicht selten in ein oder zwei Nächten über den Tisch. Die Due Dilligence, die sogenannte Sorgfaltspflicht, die westliche Unternehmen vor dem Kauf von Firmen oder Firmenanteilen walten lassen, ist hier oft gar nicht nötig, denn man kennt sich und holt die entscheidenden Informationen über seine Beziehungen ein. Der kluge russische Manager weiß: Was man dem Gegner im Zahlenwerk zeigt, ist gefälscht oder rückwärtsgewandt und daher meilenweit von der Realität entfernt. Und die ändert sich in Russland schließlich täglich. Wozu also sich damit aufhalten? Im Zweifel lässt man sich die Originalzahlen direkt aus dem anvisierten Objekt rüberreichen. Wozu hat man Freunde? Geschwindigkeit dagegen ist die erste Pflicht.

Natalja und ich hatten im Vorfeld unsere Beziehungen (*Swasi)* aktiviert und mit dem zuständigen Mann Kontakt aufgenommen. Offensichtlich ein Tschetschene, der weder über eine Visitenkarte, Adresse oder Sekretärin verfügte. Wir erfuhren zunächst nur seinen Vornamen: Arif. Ob der echt war, intereressierte niemanden. Hauptsache, man hatte erst einmal die mobile Telefonnummer. Ein Mittelsmann also, der uns helfen sollte, als Bieter in einem vielleicht interessanten Geschäft berücksichtigt zu werden. Auch unsere Wettbewerber waren bereits in Stellung gegangen. Dass ein russisches Verlagshaus zum Verkauf stünde, hatten wir erst am späten Abend erfahren. Dennoch war es uns bis Mitternacht gelungen, eben jene entscheidende Handynummer zu bekommen und unsererseits Interesse zu signalisieren. Gleichzeitig meldeten wir unserem Headquarter in Deutschland, dass Eile geboten sei, da am nächsten Tag, ab Mittag, die entscheidenden Gespräche geführt würden.

Natalja winkte lächelnd ab: »Das schaffen die nie!« – und ließ sich in einen unserer Sessel im Konferenzraum sinken. Sie hatte bereits ihre eigenen Eindrücke sammeln und mit den heimischen Erfahrungswerten abgleichen können. Wir waren damals in unsere Zentrale in Deutschland gereist, um das Placet für eine wichtige Restrukturierungsmaßnahme zu erhalten. Nachdem wir den Vormittag in Sitzungsrunden verbracht hatten, warteten wir nun auf grünes Licht. Natalja blickte mich ungläubig an: »Denken die immer noch?« Ja, die Herren verschiedener Abteilungen saßen noch beieinander und prüften. Es war 15 Uhr. Natalja rührte zum hundertsten Mal gemächlich im Tee und blickte klug in der Gegend herum. »Ich habe eine Geschäftsidee«, schmunzelte sie zu mir herüber. »Als wir gestern Nacht ankamen, habe ich in Eurem Hotelfernsehen diese Sexsendung gesehen ›Ruf mich an!‹.« – »Willst du jetzt ins Erotikfach wechseln?«, gab ich belustigt zurück, war aber etwas im Zweifel, denn Natalja hatte meist gute Ideen. »Weißt du«, gab sie zurück, »ich habe eine Marktlücke bei euch entdeckt. Wir bringen exakt dasselbe Format. Frauen rekeln sich mit aufgespritzen Lippen. Zielgruppe: Mittleres und Top-Management.« – »Und wie lautet das Angebot?«, wollte ich wissen. Natalja strahlte über beide Ohren und brummte mit tiefer Stimme: »Brauchst du eine Entscheidung? – Ruf mich an! 0190 …«

Das war damals. Und daher glaubte sie nicht, dass es uns gelänge, am morgigen Tag mit einer Besetzung aus dem Mutterhaus ins Rennen zu gehen. »Und wenn doch«, orakelte sie, »fliegen wir spätestens in der zweiten Runde raus.« Die nämlich, weiß der Inländer, würde ganz rasch stattfinden. Da brauchte es Entscheidungskompetenz und viel Testosteron vor Ort. Natalja, unerschrocken wie viele ihrer Landsmänninen, ging in die Vollen: »Wir machen das allein.« Auch in mir stieg die Jagdlust auf. Doch leider war ich keine Russin, sondern einer anderen Kultur verpflichtet – und ließ mich daher aus über schwerfällige Prozeduren von Aufsichtsratsbeschlüssen und Abstimmungen im Allgemeinen, die bei größeren Summen eben nötig seien. »Bis ihr einen Beschluss fasst, haben wir einen neuen Präsidenten«, feixte Natalja.

Ich ahnte, dass sie mit ihren Überlegungen nicht ganz falsch lag, wollte aber die vermeintliche Schmach nicht auf uns sitzen lassen. Es war tatsächlich nicht ganz einfach, da wir Deutschen erstens die Überrumpelungstaktik nicht mögen, zweitens die Zeitverschiebung von zusätzlichen zwei Stunden zu berücksichtigen war und drittens der Stab vorab ausführlich gebrieft werden musste, was in unserem Fall leider nicht möglich war. Wir hatten lediglich einen tschetschenischen Arif und eine Handynummer zu bieten. Locken Sie damit mal einen typischen deutschen Manager in den Sieben-Uhr-Flieger nach Moskau. *Da kann man ja noch nicht mal rechtzeitig seinen Reiseantrag einreichen.*

Zum Glück hatten wir eine eigene, blitzschnelle internationale Abteilung. Unser Stab verfügte über Ganzjahres-Visa, war mehrsprachig und durchaus mal für einen Ritt zu haben. Und tatsächlich: Unsere Leute bevölkerten munter am folgenden Nachmittag den Verhandlungstisch in Moskau. Auf der Gegenseite saß der attraktive tschetschenische Mittelsmann, schwarz wie im Bilderbuch mit glühenden Augen, zwei eifrige junge Adepten in Petersburger Blond, die kaum hinter den Computern hervorlugen konnten, und abseits ein älterer, unauffälliger Herr. Während der Keks-Kennenlern-Runde schob mir Natalja einen Zettel rüber: »Das ist Igor Wasiljewitsch – London!!!« Mein fragender Blick ließ sie nachkassibern: » … In der Ecke … Banker der ersten Stunde, arbeitet jetzt für Andrej Petrowitsch.«

Der Mann wurde offiziell als Chief Financial Officer (CFO) des zum Verkauf stehenden Unternehmens vorgestellt. Er gab sich bescheiden und war irgendwie unbeteiligt. Im blassgelben Hemd, etwas aus Polyester und einfacher Baumwolle, glich er eher einem klugen, aber schwerfälligen Buchhalter. Wir hatten uns auf Englisch geeinigt, er aber gab vor, nur Russisch zu sprechen: »*Dawajte, gowarite po anglijskij.*« – »Nur zu, sprechen Sie ruhig Englisch.«

Nach energischer Durchsicht eines über den Tisch gereichten Fetzens Papier, der den Status der angebotenen Firma darstellen sollte, sich jedoch als völlig nutzlos erwies, kam die höfliche Frage unsererseits auf, ob man denn nicht die detaillierte Aufstellung der Umsätze und Kosten der letzten drei Jahre haben könne. Zudem die Gehaltsstruktur, Alter der Mitarbeiter und vielleicht noch eine Information über etwaige bestehende Lizenzverträge. Ach ja: »Wann war die letzte Steuerprüfung?« Schmeichelnd schaute der CFO, der keiner war, uns an und sagte lapidar in astreinem Englisch: »Schreiben Sie auf, welche Zahlen Ihre Bosse wollen, dann machen wir Ihnen die Papiere.« Natalja behielt recht. Am nächsten Tag waren wir raus aus dem Geschäft.

Macht man das ein paar Mal mit, fühlt man sich gehandicapt. Förmlich in Ketten gelegt durch Compliance-Vorschriften und langwierige Prozesse im Heimatland. Man versucht ständig zwischen zwei Welten zu vermitteln. Das eigentliche Dilemma vieler Expats aber liegt oftmals in der Beziehung zum Mutterhaus. Nicht jedes Unternehmen – wie das unsere – leistet sich eine eigene internationale Abteilung mit Personal, das Auslandserfahrung und ausreichend Mut wie Abenteuerlust mitbringt, um sich bei den Daheimgebliebenen auch mal für einen ins Feuer zu werfen.

Wichtig ist das Vertrauen in den Chief Executive Officer (CEO) vor Ort, vorausgesetzt, man hat einen guten. Leicht

»verliert« man den Mann komplett an die fremden Sitten. Das liegt nicht nur daran, dass sich bei dem irgendwann ein Verständnis einstellt für die andere Kultur und deren adäquate Reaktionen auf die Herausforderungen der lokalen Verhältnisse. Oft breitet sich Frustration aus. Wie machen Sie auch einem BWL-Menschen in der heimischen Zentrale, der im besten Falle gelernt hat, die Welt in Zahlen zu sehen, und der sich nur im Urlaub gelegentlich den Blick auf den äußeren Schein von Fremdem erlaubt, klar, dass Sie die Vertriebsabteilung gerade dabei erwischt haben, wie die sich mal wieder was in die Tasche gesteckt hat. Dem Manne kommen die wöchentlichen Tatsachenberichte aus der terra incognita wie Münchhausens Erzählungen vor. Bombenattentate, *Wolja*, Stromausfälle, die Steuer braucht mal wieder Geld … »Das ist doch jetzt ein bisschen übertrieben!?« Schlimmer noch. Schlägt man eindringlich vor, einen Sachverhalt keinesfalls am Telefon auf der kontinentalen Leitung zu besprechen, löst das Unverständnis – »Na, jetzt werden Sie aber mal nicht paranoid« – und die Lust aus, auch mal Cowboy spielen zu dürfen. Aus sicherer Entfernung, versteht sich. Doch selbst wenn es Ihnen gelingt, das heikle Thema die ersten zwei Tage nicht am Telefon zu debattieren, dröhnt spätestens am dritten Tag irgendein Gespenst aus der Finanzabteilung mit den kompletten Details durch den Äther. Die es dann anschließend im grossen E-Mail-Verteiler durchs Internet jagt. Ja, da lachen dann auch die Russen mal über uns.

Matrjoschka

Ob denn die neuen Chefredakteure ledig und heterosexuell seien, wollten gleich sechs Damen aus unserem Verlagshaus wissen. Die eiligen Anfragen erreichten die Personalabteilung ganz unkompliziert auf mündlichem Weg und direkt per E-Mail. Das Objekt der Begierde waren zwei ausgesprochen gut aussehende junge Männer, die seit ihrer Ankunft in unserem Hühnerhaufen für massive Turbulenzen sorgten.

Teile der weiblichen Belegschaft kamen in den ersten Wochen ständig zu spät, da die Damen am Morgen noch eiligst beim *Parikmacher* – dem Friseur – waren und sich anschließend die Nägel und ein aufwendiges Make-up machen ließen. Andere wiederum setzten auf Natürlichkeit und Dekolleté. Diejenigen, die offensichtlich direkt »auf Sieg« gingen, lungerten ganztägig vor dem Büro der Begehrten herum. Lasziv mit Blick bis in den Schritt.

»Du bist deines Glückes Schmied«, gilt auch in Russland in Liebesangelegenheiten. Es gibt wenig wirklich überzeugendes männliches Material. Daher stürzt man sich früh und mit Verve in die Jagdgründe.

Die russische Frau gibt sich als erfahrene Kriegerin. Sie betont geschickt ihre körperlichen Vorzüge, gibt deutlich mehr Gehalt für Kosmetik aus als ihre Westschwester, und jede zweite legt sich gar unters Messer, wenn der Rubel langt. Nachdem die »Vogue« und die »Elle« als führende Fashion-Magazine den Schlankheitswahn und die Schönheit als erstes Ziel der Weiberwelt nun nahezu flächendeckend auch unter russischen Frauen verbreitet haben, erhöhte sich der Druck gewaltig. Der Unterschied zum Westen liegt hier einzig in der Konsequenz. Die Russin erobert selbst. Dass das gelegentlich in einer Art Beschaffungskriminalität ausartet, hat sich ja auch bei uns herumgesprochen.

Die russische Verführerin erscheint nämlich mitunter als Gottesanbeterin, könnte man sagen. Der Mann wird finanziell ausgelöscht. Entweder freiwillig am ersten Abend (in Unkenntnis der Kostendimensionen im russischen Raum), gelegentlich nach der ersten Nacht (die Scheckkarten sind weg!) oder später mit Erpressung (Fotos zeigen den Sünder in beschämender Pose). Dies ereilt meist den Ausländer. Verbreitet ist aber auch die langfristige Variante des »ökonomischen Vampirismus« (Holm), die eher den einheimischen Mann trifft.

Es ist wie mit der Matrjoschka. Immer wieder kommt eine Puppe mit anderem Gesicht zum Vorschein. Ja, es ist so: Die russische Frau sieht aus wie eine Granate, hat endlos lange Beine, spielt fantastisch Tennis, steht gerne auch mal in der Steppe eine Runde am Herd, lässt sich zu Hause schlagen, will zwei bis drei Kinder und ist in mehr als 30 Prozent der Top-Management-Positionen vertreten. Die Frauen in Russland, ein Kapitel für sich. Man muss sie gesehen und erlebt haben.

Jurij

»Jurij, es gibt ein neues Gesetz von Präsident Medwedjew. Der Miliz ist es jetzt verboten, betrunken herumzufahren und zu randalieren. Wie findest du das?«

»Gut. Aber es wäre besser gewesen, wenn sie auch das Töten von Passanten verboten hätten.«

Scheptun – Misstrauensgesellschaft

Doch nicht Jurij! Unmöglich. Er, mein treuer Begleiter, ein Heuchler? Nein, das konnte nicht sein. Mir war aufgefallen, dass wir ungewöhnlich hohe Benzinkosten hatten. Der durchschnittliche Verbrauch unseres Wagens und die Strecken, die wir im Monat fuhren, passten nicht zusammen. Jurij verbrauchte etwa dreimal so viel, wie er hätte verbrauchen müssen. Ausgerechnet Jurij! Sein Gehalt war doch üppig. Wir verstanden uns gut. Auf unseren Fahrten gab es ernste Gespräche und hin und wieder einen launigen Schwatz. Er versuchte, mir den *Mat* beizubringen. Und ich polierte sein Deutsch auf. In ungemütlichen Lagen war er immer beschützendend an meiner Seite. Ich vertraute ihm. Doch dann die Nummer mit dem Benzinklau … Als er in der Tür zu meinem Büro stand, waren seine Ohren schon rot. »Jurij, es gibt zwei Möglichkeiten. Entweder du bekommst jetzt ein Fahrtenbuch, oder die Benzinrechnung sieht nächsten Monat anders aus!« – »Ich nehme die Variante mit der Benzinrechnung«, sagte er und gab mir zur Besiegelung unserer Freundschaft die Hand.

Wir blieben Freunde. Ich begriff erst später, was mir Natalja in Sachen Kultur an diesem Tag beizubringen versuchte. »Beruhige dich! Jurij hat zwar etwas genommen, aber er liebt dich trotzdem.«

Was für uns Europäer als Verschlagenheit daherkommt, war schon den russischen Zeitgenossen des 19. Jahrhunderts nicht fremd. Sergej Wolkonskij, reales Vorbild für den Grafen Bolkonskij in Tolstojs »Krieg und Frieden«, resümierte 1865 nach 30-jährigem Exil in Sibirien über seine Hoffnungen auf politische Reformen und Erneuerungen: »Falschheit. Das ist die Krankheit des Russischen Staates. Falschheit und ihre Schwestern, Heuchelei und Zynismus. Russland könnte nicht existieren ohne sie.« Was Wolkonskij erschütterte, hatte Gogol auch als unverkennbares Charakteristikum der russischen Gesellschaft ausgemacht: »Alles Trug, alles Traum.« Er beschreibt eine Welt der Scheinexistenzen und Scheinbegriffe. Jeder täuscht sich beständig im anderen. Nicht verwunderlich, dass vielen Russen heute noch das menschliche Treiben als übles Spiel erscheint. Der Identitäten sind schließlich viele, das beginnt schon mit Land und Leuten. Fragen Sie heute einmal einen Russen, was der Unterschied ist zwischen *Rus* und *Rossija*. *Rus*, das ist die Heimat, die russische Erde, warm und verlässlich. Gemeint ist damit die Kiewer Rus, der mittelalterliche Herrschaftsverband der Ostslawen, von dem aus im neunten Jahrhundert alles seinen Anfang nahm. *Rossija* hingegen, das ist das perfekte Ideal, die kalte, säkulare Macht, das ist der Staat, aber auch der Abgrund und das Verderben. Denn *Rossija* steht für die gewaltsame Erweiterung des Machtbereichs Russlands ab dem 16. Jahrhundert bis hin zum Russischen Imperium.

Glauben Sie jetzt nicht, das sei zu weit hergeholt. Der Inländer macht auch heute noch einen deutlichen Unterschied. Sagt er »Ich bin Russe«, oder meint er das russische Volk, heißt es *Russkij*. Zielt er aber auf die Obrigkeit, den Staat oder eine Behörde ab, dann sagt er *Rossija*. *Rossija* ist das Schicksal der *Rus*, sagt man. Es gibt keine russische Nation, sondern zwei Arten des Russentums.

In Russland ist alles doppelt, mehrschichtig, uneindeutig. Man hat immer den Zwischenton im Ohr, die Halbwahrheit schwingt ständig mit. Alles ohne Gewähr. Tief sitzen die Jahre des Stalin-Terrors, in denen man gezwungen war, ein Doppelleben zu führen. Überleben war nur möglich, wenn man mit doppelter Zunge sprach. Der Stalinismus drang tief in die Gefühlswelt ein, zerstörte das Vertrauen auch innerhalb der Familien. Sogenannte Volksfeinde waren gezwungen, die eigene Identität zu leugnen, sei es die Abstammung aus einer Kulakenfamilie oder dem Adel. Oft wussten nicht einmal Eheleute vom gegenseitigen Schicksal. Bis in die neunziger Jahre des letzten Jahrhunderts verschwiegen Familien ihren Kindern die eigene Vergangenheit, da sie die Rückkehr eines kommunistischen Regimes befürchteten. Der Einfluss des Stalin-Terrors auf das Denken und Fühlen der Menschen in Russland ist noch immer tief. Die Polizei wird wie eh und je als *Menty* bezeichnet. Als diejenigen also, die schon während der Zarenzeit das Recht hatten, die Menschen zu drangsalieren.

Wie in einem Kaleidoskop mischen sich Splitter der Vergangenheit wahllos in das reale Leben. Erst kürzlich wurde zum 130. Geburtstag Stalins der Namenszug des Diktators an der Metrostation Kurskaja erneuert. Nicht genug: Die Stadtväter fügten auch gleich den altbekannten Slogan von 1944 hinzu: »Stalin erzog uns, loyal zur Nation zu sein. Er inspirierte uns, zu arbeiten und heroisch zu sein.« Nicht weit davon trägt die Duma, das russische Parlament, noch immer Hammer und Sichel. Erst 2009 wurde der russische Doppeladler angebracht. Jetzt hängt beides da. »Russland ist eben das einzige Land, in dem selbst die Vergangenheit unberechenbar ist«, sagt man.

Im Normalleben triumphieren Konspiration und Intrigen über Fakten. Das ist in den Medien ebenso wie in der Politik der Fall. Im russischen Journalismus ist Factproofing nicht sehr verbreitet. Auf der Website Kompromat.ru werden straflos wildeste Beschuldigungen gegen jedermann verbreitet. Das russische Gesetz kennt zwar den Tatbestand der Verleumdung, doch wer sein Recht einfordert, kommt nicht weit. Immer wieder erpressen Journalisten Politiker – und umgekehrt werden die umgebracht, die versuchen, Licht ins Dickicht zu bringen. Ja, es ist so: Aufgrund der Freude am Gerücht, der Lust an Verschwörungstheorien und dem *Kompromat* als gemeinhin anerkanntem Instrument im politischen Kampf wie im Wirtschaftsleben ist es schwer, Recht von Unrecht, Wahrheit von Unwahrheit zu unterscheiden. Das gilt für die Opposition ebenso wie für die Machthaber im Kreml.

Die russische Gesellschaft ist geprägt von großem gegenseitigen Misstrauen. Die ständige Kränkungserfahrung und der dauerhafte Stress, in einer doppelten Welt zu leben, haben bei vielen eine Art Dauerdepression hervorgerufen. Man bewegt sich zwischen einem permanenten Ohnmachtsgefühl gegenüber seinem Schicksal und der profanen Befriedigung seiner Bedürfnisse. Servilität nach oben und heimeliges Gemeinschaftsgefühl unten.

Tragischerweise bietet auch das Kollektiv keine wirkliche Verschnaufpause. Der scheinbar familiäre Zusammenschluss darf nicht darüber hinwegtäuschen, dass es sich in der kollektiven Gefühlswelt oftmals um ein temporäres

»Wir sind anders« handelt. Dieses Gefühl der Abgrenzung schweißt nur kurzfristig zusammen in der Abwehr der zu erwartenden Widrigkeiten durch die Obrigkeit. Dabei ist man nicht selten der Meinung, dass es im Gegenzug nur legitim sei, sich als Entschädigung ein wenig vom Kuchen zu nehmen. »Wieviel du dem Staat auch stiehlst, das, was dir gehört, bekommst du nie zurück«, sagt man. Insofern lag es für Jurij durchaus im Bereich des Normalen, eine günstige Gelegenheit zum eigenen Vorteil zu nutzen. Das Verhältnis zu mir wurde aus seiner Sicht dadurch nicht wesentlich getrübt.

Was der Westler ernsthaft versucht, das richtige Maß für sein Leben zu finden, ist für die meisten Russen ein einziger großer Scherz. In einem Land, das die eigenen Leute seit 1000 Jahren unterdrückt, drangsaliert und demütigt, ist die Selbstbeschränkung nicht das erste Mittel im täglichen Überlebenskampf. Die scheinbare Leichtigkeit, mit der Schickssalschläge hingenommen werden, die sprichwörtliche Leidensfähigkeit der Russen ist pure Hoffnungslosigkeit. Grenzüberschreitungen sind an der Tagesordnung. Das betrifft nicht nur die persönliche Bereicherung, die im Stillen als Schattenwirtschaft auftritt, oder das *Kompromat*, um eigenen Forderungen lautstark Nachdruck verleihen zu können. Im Kollektiv glaubt man das Recht zu haben, sich in die Angelegenheiten seiner Mitmenschen ständig einmischen zu dürfen und hier seine Kenntnisse weiterzutragen. Mitunter dienen Denunziation und Täuschung auch als eine Art Umleitung des Unglücks auf andere. Dafür gibt es im Russischen ein Wort: *Scheptun*. Das ist jemand, der der Obrigkeit etwas zuflüstert. Abgeleitet davon kennt man den *Scheptschutschij*. Das ist der, der leise spricht, weil er belauscht zu werden fürchtet.

Jurij

»Wie ist das denn passiert?«

»Ludmila wollte einen Tag frei nehmen, aber der Chef hat's nicht genehmigt.«

»Und warum ist sie jetzt im Gefängnis?«

»Sie hat eine Bombe auf dem Klo gezündet und ist gegangen.«

Feindliche Welt

Bei mir hatten sich inzwischen erste Anzeichen einer übersteigerten Wahrnehmung breit gemacht. Nach verschiedenen Erpressungen, zweifelhaften Freundschaftsangeboten, dem Versuch, mich mittels gefälschter Papiere ins Gefängnis zu bringen und dem alltäglichen Lug und Trug zeigte ich Verhaltensauffälligkeiten.

Ich war auf Abwehr eingerichtet. Betrat ich den Fahrstuhl hinauf zu meiner Wohnung, dann glich diese Maßnahme einem Clearing, wie man es aus dem Militärbereich kennt. Raus aus dem Schacht und rein in die Sicherheit. Beim Aufschließen der Wohnungstüre der obligatorische Kontrollblick: rückwärts oben, unten links, rechts und rein. *Es könnte sich ja jemand vom oberen Stockwerk auf einen herabstürzen.* Bis zum Verriegeln der Haustür von innen eine reine Kampfvermeidungsstrategie. Drinnen dann, innerhalb von sieben Sekunden, die Entsicherung der Alarmanlage. Sonst steht die Miliz mit den Kalaschnikows vor oder gerne mal hinter der Tür. Hängt ganz vom Schreiner ab. Erst dann das Licht.

Steht jemand vor der Wohnungstür, was äußerst selten passiert – in jedem guten russischen Haus gibt es mehrfache Sicherheitsbarrieren, die der Eindringling erst überwinden muss –, besteht höchste Alarmbereitschaft. »Eindringling« bezieht sich hier ganz allgemein auf kriminelle Elemente, also auch auf die Obrigkeit. An der Haustür finden sich keine Namensschilder, nur ein kleines Zahlenkästchen, das den Weg widerwillig frei gibt, wenn man heftig und schnell die geheime Losung eingetippt hat. Dann trifft man auf die *Deschurnja*, von deren Naturell bereits die Rede war. Die zu überwinden, ist schier unmöglich. Gelingt es einem Subjekt schließlich doch, vor die Wohnungstür zu gelangen, dann ruft man ein ruppiges: »Wer da?« Keinesfalls die Türe öffnen! Die Kommunikation gestaltet sich im weiteren Verlauf dann recht schwierig, da beide Seite permanent schreien und sich gegenseitig ins Wort fallen. Und da so nicht herauszubekommen ist, ob es sich nur um den Mann der Wasserwerke handelt, der endlich – nach dem turnusüblichen Warm-Wasser-Stopp im Sommer von rund sechs Wochen – zur Reparatur schreiten will, oder um ein hässliches Staatsorgan, dem man dann lieber doch nicht begegnen möchte, ist es besser am Verwirrspiel teilzunehmen. Es könnte ja auch der Nachbar sein. Doch nachdem – wie man mutmaßt – unter Putin wieder die *Stariki* eingeführt wurden, diejenigen, die am Protokollieren des täglichen Lebenseinerleis ihrer Mitbewohner verdienen, will man einen von denen dann auch nicht sehen. Um dem verbalen Tumult ein Ende zu bereiten, spricht man einfach Englisch oder noch besser Bayerisch, Schwedisch, Plattdeutsch. Im Normalfall verschwindet der Angreifer dann schlagartig.

Ich lebte in einer feindlichen Welt. Die aktuelle Bedrohung, mit der ich konfrontiert war, lag bei Eskalationsstufe drei und hatte meinen Advokaten bereits veranlasst, das Thema Bodyguards aufs Tablett zu bringen. Wenngleich er mitteilte, dass das eigentlich auch nichts helfen würde. »Wenn die einen platt machen wollen …«

In der Wohnung hatte ich die Fenster vergittern lassen, die zum Nachbarn hinüberreichten. Auf Anraten der *Deschurnaja*. Schließlich waren erst vor kurzem die Wanderarbeiter, die in der Nachbarwohnung hausten, nach wochenlangen Renovierungsarbeiten und erhöhtem Alkoholkonsum übermütig geworden. Sie waren im Morgengrauen sturztrunken über den Balkon zu mir herübergeklettert, hatten ausgiebig randaliert und waren schließlich erschöpft in schweren Schlaf gesunken.

Die Vorhänge zog ich an den Wochenenden gelegentlich auch am Tage zu. Nicht weil das Siebenmonats-Dauergrau meine Seele empfindlich berührt hätte. Gegenüber waren Dacharbeiten im Gange, die seit einem Jahr andauerten. Die Männer, mit Ferngläsern ausgerüstet, unterbrachen gelegentlich ihre Arbeit und spähten rein in mein Privates. Ich sage nur *Bywajet*! Neulich war beim Nachbarverlag der Finanzchef aus dem 6. Stock gefallen.

So dachte ich beschämt zurück. Von wegen Assimilation. Ich war ein Weichei. Einfach nicht gemacht für die Härte des russischen Lebens. Doch dann fiel mir auf, dass sich meine russischen Nachbarn genauso wie ich verhielten. Im Fahrstuhl verengten sich unsere Augen zu Schlitzen. Wer zuerst zuckt. Dann knallhartes Clearing – auch bei den Russen. Beim Wohnungstüraufschließen sah ich doch tatsächlich wie meine Nachbarn vom Flur gegenüber den Schulterblick exerzierten. Ich hatte meine Aktentasche auf den Boden gesetzt, um die Hand für den Schlüssel freizuhaben. Das Geräusch, das ich machte, war minimal gewesen. Und zack: Beide drehten sich blitzschnell um. Der Kontrollblick. Jeder gegen jeden. Also doch assimiliert!

Bywajet! – Schmerzfrei!

Ein hässliches Geräusch. Ein dumpfes Dröhnen, das die Ohren betäubt. Das Gebäude wankt. Man spürt Splitter. Draußen rennen sie schreiend um ihr Leben. Wie in Beirut, denke ich.

Nichts wie raus! »*Bomba!*«, hatte ich noch durchs Telefon gerufen, bevor ich mich ins Freie rettete. Mehr Information gab es dann im Hof. Vor der Tür lag einer mit abgerissenen Armen und Beinen, Venen hingen aus dem Fleisch, das rot in der Sonne glänzte. Gennadij zog mich an sich und flüsterte: »Da drüben im Beet liegen noch zwei.« Es waren die beiden Bäckerjungen, die im Brotstand gegenüber arbeiteten. Die Druckwelle hatte sie durch die Scheiben direkt zu uns in die Rabatten geschleudert. Der eine hatte ein Handteller großes Loch in der Brust und stöhnte das Blut aus sich heraus. Der andere bewegte sich nicht mehr. Gennadij wusste schon: »Zwei illegale Wodkahändler. Die haben sich gestritten, da hat der eine den anderen weggebombt.« Mindestens zwei Kilogramm Sprengstoff waren an ein Moped montiert worden. Das rostige Gefährt hatte angekettet einige Tage vor unserem Verlagshaus herum gestanden, um dann im entscheidenden Moment am hellichten Mittag per Fernzünder hochgejagt zu werden. Drei Tote, acht ruinierte Autos und eine komplett zerstörte Fensterfront waren das Ergebnis. Konfliktlösung auf Russisch.

Erst am Nachmittag kam die Staatsmacht. Allerlei Uniformen, manche mit Masken, ja sogar ein General zeigte sich. NTW, der führende Staats-Fernsehsender Russlands, filmte den Tatort und präsentierte das Resultat in den Abendnachrichten. Man nahm an, es handele sich um einen terroristischen Anschlag. Doch die Sicherheitskräfte seien sofort an Ort und Stelle gewesen und hätten die Situation in bewährter Manier unter Kontrolle gebracht.

Der ohne Arme und Beine lag derweil noch immer vor unserer Tür. Am Abend endlich knatterte ein hässlicher Kleinlaster zu uns herüber. Ein gemütlicher Mittfünfziger schmiss den einen Arm, dann das andere Bein in schwarze Mülltüten. Sein Kollege hievte den Rumpf in einen Sack und warf ihn in den Laster. Dann knatterten sie davon. So hat der Wahnsinn den russischen Alltag fest im Griff.

Arbeit macht dich nicht reich, sie bricht dir das Genick

In der Kurve glänzt ein schwarzer Rolls-Royce. Es raucht aus dem hinteren Fenster. Unschwer zu erkennen: zwei blondierte Wilderinnen schmiegen sich ins Leder. Schlaff hängt der Zobel über ihren Brüsten. Sie bemühen sich, blasiert zu wirken. Am Steuer döst ein rasierter Flachschädel mit der Kalaschnikow im Arm. Draußen vor der Tür palavern Geschäftsmänner in schwarzem Tuch, gestikulieren raumgreifend. In den 90ern fuhren solche Leute noch Volvo, ging es mir durch den Kopf, und ich beobachtete schlicht den Verlauf der Szenerie. Schließlich hatten wir neue Nachbarn bekommen. Es war ein Tag im Mai.

Na klar. Eine Bank. Davon gibt es allein in Moskau rund 1000. Dass die nicht immer den angemeldeten Zweck im Sinn haben, zeigen die tödlichen Versuche, das Finanzwesen zu säubern. Andrej Koslow, stellvertretender Zentralbankchef mit direktem Zarenauftrag, war der vorerst letzte unter den Mutigen. Er wurde am Nachmittag des 13. September 2006 vor dem Spartak-Stadion mit mehreren Schüssen niedergestreckt. Bei unserer Bank jedenfalls wurden flugs Sicherheitsscheiben und eine Gegensprechanlage eingebaut, ein schönes neues Schild prangte an der Hauswand, und ständig standen Homunculi im Weg.

Hände wie Wagenräder, fast schon krankhaft riesenwüchsig, jedoch mit dicht bekränzten Wimpern, die ihrem Blick etwas Samtenes, ja Zärtliches verliehen. Einen konkreten Auftrag, hatte sie nicht – so schien es.

Dass die Geschäftstätigkeit aufgenommen wurde, erkannten wir am rasant zunehmenden Publikumsverkehr. Hutzelige Männlein und Weiblein im WKII-Mantel, mit baumelnden Plastiktüten am Arm, strebten wie im Kirchgang auf unsere neue Bank zu. Die von da ganz unten waren im Anmarsch, um ihre Ersparnisse in die Hände der angeblichen Geldvermehrer zu legen. Ab Woche drei war kein Durchkommen mehr. In einer dicht bepackten Schlange aus alter Wolle und schäbigen Mützen, mit ein paar Rubel in der Hand, drängten sie sich vorbei am Rolls-Royce, in dem drinnen – hinter den Scheiben – die lustige Gesellschaft täglich auf Umsatz wartete. Auch ein Kräuterweiblein hatte sich inzwischen zu uns auf den Hof gesellt. Wusste sie doch als geschäftstüchtige Altgläubige, wo etwas zu holen war.

Eines Tages, es war September, hatte sich die Altgläubige schon früh am Morgen positioniert. Sie lief sich warm in puncto Bekreuzigung und machte ein leidvolles Gesicht. Schließlich zeigt das mantramäßige Murmeln zum Zweifingerkreuz dem Normalrussen, dass es Zeit für den orthodoxen Ablass ist. Die Alte hatte also schon an die sieben Stunden Anklage hinter sich, als der schwarze Rolls-Royce wieder im Anrollen war. Diesmal mit vier Damen der Gesellschaft im Fond.

Der Bankdirektor, Vorsteher eines inzwischen sichtbar etablierten Finanzinstituts, steigt aus, macht den Blitzhodengriff – da sieht er die Alte vor seinen Füßen. Eilig greift er in die andere Hosentasche und zieht ein Bündel Scheine heraus. Der göttliche Strahl aus den altgläubigen Augen trifft ihn erlösend, hilft ihm hinweg über seine Heuchelei.

Währenddessen balanciert über den beiden eine schmutzige Krähe auf einem schwarzen Telefonkabel. Sie bringt sich in Position und kackt auf den 250 000-Dollar-Lack. Wenigstens eine, die hier eine dezidierte Meinung hat.

»Arbeit macht dich nicht reich. Sie bricht dir das Genick«, sagt man in Russland. Reine Erfahrungssache. So wie sich das Vertrauen über die Jahrhunderte nicht ausgezahlt hat, so lohnt sich auch Ehrlichkeit nicht. Denn Leistung war nicht nur verpönt im Zarenland, sondern wurde mit Erhöhung der Abgaben bestraft. Unternehmertum hatte bis in die post-sowjetische Ära den Geschmack des Unzulässigen. Der Kaufmann galt schon in der Zarenzeit als ein vom Egoismus getriebenes Subjekt, das keine politischen Rechte, ja sogar erheblich Nachteile in puncto Privilegien hatte. Jemand, der gesellschaftlich wenig angesehen war. In den Stücken Gogols und seiner Schriftstellerkollegen Tolstoj, Turgenjew und Tschechow werden die Figuren des Kaufmanns als einfältig, gierig und oftmals nicht vom Glück beschieden dargestellt. In der Sowjetzeit war das wirtschaftliche Leben dann nur noch Fassade. »Die da oben tun so, als ob sie uns bezahlen, und wir tun so, als ob wir arbeiten«, hieß es. Das individuelle Streben nach persönlicher Entwicklung – und auch Bereicherung – war nun nicht nur verpönt, sondern wurde auch bestraft. Der Neue Mensch sollte frei von persönlicher Identität sein und der Gemeinschaft dienen. Der einzelne war nichts, die Gemeinschaft alles. Mit großen Gesten wurden Opfer gebracht, das wirtschaftliche Überleben dagegen regelte man abseits. Passives Verhalten nach außen und findige Geschäftstätigkeit nach innen waren die einzig möglichen Reaktionen. Dass dabei Weiterbildung,

Kompetenz und wirtschaftliche Effizienz auf der Strecke blieben, ist nicht verwunderlich. Eine Schattenwirtschaft verlangt andere Fähigkeiten. Noch heute ist der herzensgute Oblomow auf dem Diwan Russlands bewundertes Ideal. Sein Kamerad Stolz hingegen, der erfolgreiche Kaufmann deutscher Prägung, der sich durch kalte Tugenden wie Disziplin und Fleiß auszeichnet, gewinnt die Liebe des Volkes nicht.

Das geringe Ansehen der Berufsarbeit begründet sich nicht nur mit der beständigen Allmacht des Staates. Auch wenn die orthodoxe Kirche sich ganz allgemein nie besonders in der Sorge um ihre Schäfchen hervortat, so gelang es ihr doch, in einem Punkt durchschlagenden Erfolg zu erzielen. Sie vermochte es, in den Köpfen der Menschen die ohnehin schon bestehende Gegnerschaft zur Leistung theologisch zu untermauern. Weltabgewandtheit und Demut sind die kirchlichen Devisen. Der Eigennutz hingegen gilt als schädliches Streben. Daher macht man sich in der russisch-orthodoxen Welt die Erde nicht untertan, man leidet an ihr. Rein theologisch bringt also einzig der Rückzug ins Innere die spirituelle Erweckung. Die Rituale der orthodoxen Liturgie geben den Takt vor. Die Architektonik der orthodoxen Kirchen, die Abwesenheit von Bänken und Kanzeln, die Ikonostase als heiliges Tor zum Himmel, all das symbolisiert die Außenwelt als Kosmos mit wenig Gewicht. Die Ikonen, gedacht zur Kontaktaufnahme mit dem Göttlichen, zeigen keine natürlichen Gesichter. Die Bildnisse scheinen seltsam verzogen, Linien stürzen unwirklich, in der Perspektive steht das Menschlein als weltabgewandtes Wesen im Raum. So ist die orthodoxe Messe kein Erlebnis einer Gemeinde, wie wir es im Westen kennen, sondern die im Dunkel auf sich selbst zurückgeworfene Kreatur, die Erlösung im Ritual sucht.

Die Welt als Spielplatz kreativer Kräfte? Nicht für den Normalrussen, der sich eher als leidende Kreatur in der Welt versteht denn als Individuum mit Hang zur vita activa. Die russischen Weiten: undurchdringliche Wälder, endlose Steppe, schwarze Erde. Russland ist ein Naturzustand, und so fühlt sich der Durchschnittsmensch auch. Kein Wunder, nach jahrhundertelanger Subordination, Erpressung von Tributleistungen und Verharren im Kontemplativen. Man ist mehr Objekt als Subjekt. Angewandt auf das wirtschaftliche Leben heißt das: Das Schicksal bestimmt den ökonomischen Output. Unberechenbare Kräfte sind überall am Werk, warum dann schöpferisch und zielgerichtet tätig werden?

Kurz gesagt: In Russland macht man Geld mit schlechtem Gewissen. Denn man ist zur Heuchelei verdammt. Einerseits vertritt man öffentlich die Befolgung von Recht und Gesetz, schwört dem Eigennutz ab, während andererseits fröhlich der Korruptus praktiziert wird. In Gesellschaften, die sich durch Rohstoffreichtum und Abwesenheit von Rechtskultur auszeichnen, ist das keine Seltenheit. Der Reichtum wird schlicht verteilt. Die Feinheiten einer sozialen Marktwirtschaft, horizontale Strukturen sind Hindernis und nicht eine Errungenschaft, die es zu schützen gilt.

Sie dürfen sich demnach nicht wundern, dass Ihre russischen Mitarbeiter Sie nicht für einen Intelligenzbolzen halten, wenn Sie lautstark neue Antikorruptionsregeln im Unternehmen einführen; so etwas macht man, wenn schon denn schon, *Spokojno*, ohne viel Lärm. Denn Sie untergraben damit gängige Handelspraxis. Wer nicht erpressbar ist, erscheint als wenig vertrauenswürdig, ja mitunter als Verräter. Das System der Vetternwirtschaft verlangt schließlich, dass Sie sich als jemand erweisen, der ranschaffen kann. Haben Sie ertragreiche Beziehungen hinein ins korrupte Netzwerk (zur Beamtenschaft, zur Justiz), dann können Sie verteilen. Ihr Clan, Ihr Unternehmen, wird umso attraktiver, je umspannender Ihre Verflechtungen sind und Ihre Fähigkeiten, den Kuchen zu vergrößern. Umgekehrt steigt die Loyalität der Clanmitglieder, Ihrer Mitarbeiter, proportional zum Verteilungsgrad. Dass dabei mehr menschliche Wärme entsteht als bei zweckrationalem Verhalten, das auf Leistung setzt, liegt für die meisten Russen auf der Hand.

Das stark individualistische, seiner nächsten Umgebung oft entfremdete Wesen, wie wir es im Westen haben, ist für einen Russen ein Schreckgespenst. Hier herrscht eben nach wie vor die Wärme des Kollektivs, das patriarchalisch-familiäre Prinzip, die Clankultur als einziger Schutz gegen die Risiken, die der Staat und seine Bürokratie für einen bereithalten. Gesellschaftliche Spielregeln werden gemeinhin als ungerecht empfunden. *Es gibt der Zar, es nimmt der Zar*. So war die Politik Peters des Großen und so ist auch die Politik Putins und Medwedjews. Es gibt in Russland kein Privateigentum. Sondern nur ökonomische Subjekte und die Gnade des Kreml, meint die Wirtschaftsjournalistin Julia Latynina.

Jurij

»Sag mal, so schlecht stellt sich der Medwedjew doch gar nicht an?«

»Wieso?«

»Na, er hat die Ministerien angewiesen, die Kleinunternehmer nicht mehr zu terrorisieren. Keine Erpressung, keine plötzlichen Unfälle mit Baseballschlägern.«

»Wie man's nimmt.«

»Verstehe ich nicht.«

»Mein Onkel Wanja muss in seinem Imbiss jetzt alle Gerichte registrieren lassen. Er braucht ein Zertifikat für jede Pirogge. Wieviel wiegt sie? Wie fett ist sie? Wieviele Nüsse sind drin?«

»Naja, das wird halt jetzt ordentlich gemacht.«

»Nu, geht ein Schmerz, kommt ein neuer. Onkel Wanja bezahlt heute doppelt soviel.«

Mehr nehmen als geben

Wie sieht ein deutsch-russisches Joint Venture aus? Der Deutsche kauft die Uhr, und der Russe sagt ihm, wie spät es ist. Der Drang, etwas in Besitz zu nehmen und andere dafür zahlen zu lassen, mittels Fortune schnell an Geld zu kommen, kennzeichnet den russischen Geschäftsalltag. Verträge sind Schall und Rauch. Vergessen Sie jede Win-win-Situation. Ein gutes Geschäft ist eines, bei dem man mehr bekommt, als man gibt. Verstehen Sie das nicht falsch. Es geht hier nicht um Raffgier, sondern um Mimikry. Rein angepasstes Verhalten: Hohes Risiko, hoher Profit. Schon Tolstoj, Dostojewskij und eine Reihe der besten aristokratischen Namen verloren und gewannen beim Spiel Hab und Gut. Alles oder nichts.

Der Russe hat Geduld. Er wartet auf eine schicksalhafte Konstellation, die er im entscheidenden Moment blitzschnell und mit gnadenloser Härte nutzt.

Realiter sieht das in etwa so aus: Zeitlich etwas in Verzug geraten, fragt zum anstehenden Jubiläum der örtliche deutsche Manager einer am Rande Moskaus ansässigen Autofabrik seinen russischen Törtchen-Lieferanten, wieviel denn die Törtchen kosten würden, nähme er, nun sofort, einmalig für das großes Jahresfest statt 300 Törtchen à acht Rubel das Stück 15 000 Törtchen ab. Die Antwort des russischen Lieferanten: 15 Rubel das Stück. Business à la Russe.

Nun mögen die ganz Ausgefuchsten unter Ihnen denken, das sei ja im Grunde im Westen nicht anders. Schließlich errechne sich der Profit aus der Differenz dessen, was eingesetzt werde und dann nach Abzug der Kosten herauskomme. D'accord, insoweit gehen Sie mit russischer Geschäftslogik kongruent. Einzig in der Umsetzung gibt es feine Unterschiede. Da der Durchschnittsrusse keine langfristige Geschäftsbeziehung im Sinn hat, sondern ihn das Schicksal treibt, handelt es sich aus seiner Sicht schlicht um eine sehr kurzfristige und einmalig günstige Konstellation. Nehmen wir an, Sie haben etwas, was Ihr russischer Gegenpart auch gerne hätte: Geld. Nehmen wir weiter an, Fortuna hat dem russischen Kollegen in die Hände gespielt, so dass er seinerseits über etwas verfügt, das Ihre Begierde weckt: Rechtskenntnis und Beziehungen zur Justiz. Da der Mann früher beim Militär tätig war, sich anschließend bei der Staatsanwaltschaft verdingte, verschiedene Richter kennt und auch sonst über ausgezeichnete Kontakte verfügt, sind solcher Art Dienste rar gesäht, das Angebot ergo knapp. Das weiß auch der Russe. Westliche Angebots-Nachfrage-Logik würde nun schlussfolgern: Dann wird es halt teuer. Russische Logik sagt: Hier bietet sich eine Art Dauerfortune. Will heißen, das wird nicht nur teuer, sondern auch brandgefährlich. Denn von nun an haben Sie einen neuen Freund.

Die Angebots-Nachfrage-Situation dient nach üblicher russischer Denkart lediglich der gegenseitigen Bekanntmachung. Ähnlich einer Vertragsunterzeichnung, die erst Auftakt zu weiteren Verhandlungen ist. Nach der Sondierung des Terrains wird die Schubumkehr eingesetzt. In Kenntnis der genaueren Verhältnisse fädelt der russische Kollege nun in zügiger Verfolgung seines Auftrags ein Steppengeschäft ein. Will heißen: Intensivierung persönlicher Netzwerke und (nicht selten) Erpressungsaktionen. Dabei fällt etwas ab für das Netzwerk und ihn selbst. Wer zahlt, sind Sie. Gleichzeitig kreiert Ihr Gegenüber eine scheinbar ausweglose Situation, die Sie verleiten könnte, sagen wir, etwas Dummes zu tun. Zack macht man Ihnen klar, dass Sie aus dieser verfahrenen Lage nur herauskommen, wenn man abermals verschiedene Netzwerke bedient.

Die Kunst liegt nun darin, mit einer der russischen diametral entgegengesetzten Geschäftsethik, ganz der heimischen Corporate Governance verpflichtet, in einem Land, das einen der schlechtesten Plätze auf der Korruptionsliste von Transparency International belegt, profitable und gute Handelsbeziehungen aufzubauen. Das ist nicht einfach. Noch immer brauchen Unternehmer in Russland Sonderprivilegien, außergewöhnlich gute Beziehungen, um überhaupt bestehen zu können. *Kryscha*, das sprichwörtliche Dach, unter dessen Schutz die Geschäfte gedeihen, ist unabdingbar. Doch die meisten Ausländer tun sich schwer im Dickicht von *Kompromat*, gegenseitigen Abhängigkeiten und Korruption.Es bleibt dabei: In puncto Geschäftspraktiken werden Sie einen Russen im eigenen Land nie schlagen. Die ganz Mutigen fallen aus dem sechsten Stock. Oder sie verlassen das Land. Zwischen schicksalhaftem Fenstersturz und Landesflucht gibt es Nuancen. Der profane Bandenkrieg zwischen zwei illegalen Wodkahändlern. Der eine bombt den anderen schlichtweg um die Mittagszeit auf bevölkertem Trottoir vor der Haustür weg.

Fragt man angesichts der verstreut liegenden abgerissenen Extremitäten, warum denn zwei Kilogramm TNT notwendig waren – man hätte die Sache doch auch mit einem Kopfschuss erledigen können. Heißt die schulterzuckende Antwort: Die Bombe ist billiger. In früheren, unruhigen Jahren kam ganz einfach eine Gruppe maskierter Männer mit Baseballschlägern vorbei. Heutzutage greift gelegentlich auch mal der Kreml ein. Die Firma Royal Dutch Shell wurde mittels Zarengriff enteignet. Ausgerechnet schwere Umweltvergehen wurden ihr zum Verhängnis. Shell gab schließlich die Kontrolle über die Ölfelder Sachalin ab. Doch meist regelt man die Dinge unter sich. Letztes prominentes Beispiel war der CEO von British Petroleum (BP), der sich in einer Partnerschaft mit russischen Milliardären (TNK-BP) befand. Zunächst erwies sich der Brite als äußerst hartnäckig, indem er die Anteile seiner Shareholders nicht kampflos preisgeben wollte. Perfide Nickeligkeiten betreffend seiner Aufenthaltsgenehmigung, massive Bedrohung der britischen Mitarbeiter – nichts ließ den Engländer weichen. Doch schließlich kriegen sie jeden. Bei Nacht und Nebel – und nach Austausch von wahrscheinlich sehr handfesten Argumenten – verließ der Topmanager das Land.

Da der Westler üblicherweise weder das Prinzip des Mehr-Nehmens-als-Gebens verinnerlicht hat noch über eine vergleichbare Härte verfügt, bleibt dem Ausländer nur eins: Frugalität im Denken, Testosteron im Auftritt und Radikalität beim Sturztrunk. Demonstrieren Sie das Alphatier. Vielleicht gelingt es Ihnen dann, dem Schlimmsten zu entgehen und doch noch einen guten Abschluss zu tätigen.

Jurij

Der Cognac brennt in meinen Augen. Ich bin stocknüchtern und fühle mich dennoch so, als hätte man mich durch den Wolf gedreht. Scheiß Orchester. 23.45 Uhr. Aeroflot hatte mit der letzten Maschine aus München nach Moskau ein komplettes russisches Orchester geladen. Da brummten nicht nur die Motoren, es wurde gesungen und gesoffen, die ganzen dreiheinhalb Stunden lang.

Scheremetjewo im Morgengrauen ist nicht eben gemütlich. »Da sind wir wieder«, seufzen dann auch die Russen in der endlosen Schlange vor der Passkontrolle. Vor dem Tor ins repressive Land sind wir alle Schicksalsgenossen. Dankbar nehme ich Jurij zur Kenntnis, der treu wie eh und je am Ausgang steht. Seine Schultern hängen nach vorn. Er sieht aus wie 39 und ist erst 25.

Bei mir stellt sich schlagartig mein psychologisches und physisches Potential wieder ein. Der Rücken krümmt sich. Augen werden zu Schlitzen. Ständig auf dem Sprung. In Russland kann man auch hinten sehen. Vorgeneigter Kopf, damit die Ohren das Flüstern hören.

Und dann schießen wir rein in die kochende Hölle. Moskau: Tanz auf dem Vulkan. Mit 180 immer tiefer rein in den Moloch. Ja, es ist auch ein schönes Abenteuer. Immer wieder.

Wir handeln stets nach dem Gesetz

Besuch der »Arbeitsinspektion«. In Gestalt von Kirill, Nadjeschda und Wera exekutiert die Staatsmacht mitten im feuchten November ihr Recht. Aufgrund eines Hinweises aus dem Volke, *also von einem unserer Mitarbeiter,* gab es begründeten Anlass, die Rechtmäßigkeit der Arbeitsbedingungen zu prüfen. Man müsse einem solchen Hinweis – *Denunziation* – selbstverständlich mit aller Härte nachgehen. Selbstverständlich!

Um die Wucht der geballten Beamtenmacht abzumildern, dirigieren wir die Raubvögel erst einmal in mein warmes Büro. Dort gibt es Tee und zuckriges Gebäck. Galina, die gute Seele, schwebt herein und präsentiert dem geschulten Tintenkleckser-Blick, welch glückliches Leben sie als Arbeitnehmerin in unserer Firma fristet. *Prawda – hier wächst das Korn, hier ist das Wasser frisch. Hier herrscht ein guter Zar.* Natalja, unsere Finanzdirektorin, sekundiert und hebt an zur Ouvertüre. Mit Entrüstung in der Stimme tönt sie: »Wir handeln stets nach dem Gesetz!« Gebeutelt von wildem Gelächter kugeln sich währenddessen draußen auf dem Gang die Mitarbeiter.

Der Rechtsbruch ist in Russland allgemein anerkannt, wenn nicht gar obligatorisch. Das ganze Volk ist schließlich kriminalisiert, wird durch bedarfsweises Aktivieren des *Kompromats* unter Kontrolle gehalten. Dass gemeinhin die Meinung herrscht, es gebe zwar ein Recht, doch müsse man dies nicht unbedingt befolgen, hat Tradition. Obrigkeitshörigkeit wurde stets stärker gewichtet als die Einhaltung des Rechts. Schon unter Peter dem Großen verteidigte sich mancher Richter, nachdem man ihn der Annahme von Bestechungsgeldern bezichtigt hatte: Ja, er habe Schmiergelder angenommen, aber handele er nicht stets zum Besten des Reiches? *Wer den Staat schützt, darf sich etwas nehmen.* Das Volk bewertet das anders. Dort wo ein Gericht ist, gibt es keine Gerechtigkeit, heißt es. Dass in diesem Punkt vorerst keine Besserung zu erwarten ist, zeigt das große Schild, das 2009 auf einer Moskauer Polizeistation hängt und in Gestalt des Gründers der sowjetischen Geheimpolizei Felix Dserschinskij die Macht der »da oben« ins Gedächtnis ruft: »Dass Sie noch frei sind, ist nicht Ihr Verdienst, sondern unser Versäumnis.«

So wird die Untertanentreue auch heute noch hoch gehandelt. Je nach Rang liegen die Opfergaben zwischen Gütern des täglichen Bedarfs und schwerem Luxus. Das ist der zwischen Staat und Volk akzeptierte Handel. Opfergaben und eine nach oben im Prinzip loyale Haltung erlauben es, im Abseits seinen Geschäften nachzugehen. Servilität gegen beschränkte Freiheit. Denn Recht wird bedarfsweise gesprochen, selektiv – nach Ansehen der Person. Das *Kompromat* wird unterstützend angewendet, ihm kann man sich nicht entziehen. Michail Chodorkowskij ist ein Beispiel dafür, wie nicht nur für die erste Verurteilung Steuervergehen ins Feld geführt wurden, die jahrelang bekannt und üblich waren, ja, von der Obrigkeit sogar geduldet wurden. Auch zur erneuten Verurteilung des Oligarchen zog man nun ein weiteres *Kompromat* ans Licht, dass sich auf Vergehen berief, die zuvor ganz oder in Teilen von anderen Unternehmern munter praktiziert wurden – und werden. Auch im Fall Boris Beresowskijs, der im Juni 2009 in Abwesenheit von einem russischen Gericht zu 13 Jahren Haft verurteilt wurde, nutzte man das *Kompromat.* Ihm wurden seine Geschäfte mit der Autofabrik Awtowas zum Fallstrick. Auch hier war das »Vergehen« jahrelang bekannt gewesen, ohne dass eine Behörde sich daran gestört hätte.

Den Kampf des Einzelnen um das Recht und die Kommerzialisierung des Gerichtswesens hatte schon Puschkin gut 150 Jahre zuvor in der Novelle *Dubrowskij* zum Thema gemacht. Dem Dubrowskij nimmt man mittels gefälschter Dokumente und geschmeidiger Richter sein Land. Der wird daraufhin zum Räuberhauptmann und treibt fortan sein Unwesen. Am Ende erhält Dubrowskij keine Gerechtigkeit. Er flüchtet in die russischen Wälder und dann ins Ausland. Macht also *Wolja.*

Ungeachtet der ständig steigenden Zahlen junger begabter Russen, die heute das Land verlassen, hält man den Daheimgebliebenen symbolisch vor Augen, was sie, die Patrioten, erwartet. So wurde 2004 – berichtet Kerstin Holm – während der Renovierungsarbeiten des Obersten Gerichts in Moskau dem Gebäude eine Justitia geschenkt. Bewusst habe man bei der Göttin des Rechts auf die Augenbinde verzichtet, so der Bauausführende, da sie ja alles sehe und alles wisse. Auch ein Schwert wie bei der griechischen Variante wolle man nicht, sondern ein Schild. Dass dieses mit der Form des Emblems des Staatssicherheitsdienstes (FSB) nahezu identisch ist, mag zufällig sein. Man fragt sich jedoch: Warum und vor wem hat diese Justitia sich mit ihrem Schild zu schützen? Vor dem eigenen Volk womöglich? Schließlich wimmelt es überall nur so von Feinden: die Presse, kritische Bürger, ausländische Stiftungen, Spione.

Dass der Staat den Bürger schützt, kommt in Russland nicht in Betracht. Die Obrigkeit, die holt man sich nicht ins Haus. Man regelt die Dinge unter sich. Dass musste auch ich erfahren, als Mischa, einer unserer leitenden Redakteure, eines Morgens erwachte und vom Gefühl des Gekränktseins drangsaliert wurde. Also eilte er in den Verlag, griff zum Brieföffner, presste mich gegen die Wand und hielt mir die Klinge vors Gesicht. »Sie stellen sofort meine Freundin wieder ein!«, schrie er. Der Tumult lockte *Krugowaja Pomotsch* an. Hilfreich eilten Natalja und Galina herbei, warfen wild entschlossen ihre Brüste ins Gefecht und entwanden dem Liebeskranken die Waffe. Der flüchtete angesichts des weiblichen Furors erschrocken in sein Büro. Dort verschanzte er sich. In einem Moment der Unbedachtheit erteilte ich nun den Befehl, die Miliz zu rufen, um das Subjekt entfernen zu lassen. Das nämlich trieb derweil sein Unwesen und hetzte das restliche *Komanda* auf. Doch Natalja schaute mich mitleidig an: »Um Gottes willen nicht die Miliz!« Ich müsse mich, wenn schon, denn schon, an einen privaten Dienst wenden, der die Angelegenheit sauber und problemlos erledigen würde. Denn auf die Beamten sei weniger Verlass als auf die Kriminellen, heißt es in Russland. Das Gesetz habe zwar ein hohes Ansehen, doch dessen Befolgung sei selektiv und könne bei

Einschaltung der Obrigkeit als Vollzugsorgan ganz erhebliche Kollateralschäden mit sich bringen. Verfängt man sich einmal im Dickicht der Behörden, kann das dauerhaft teuer werden und raubt zudem das Vertrauen der Mitarbeiter. Im kriminellen Millieu hingegen gelte noch ein Ehrenkodex. Hier seien die Gesetze zwar ungeschrieben, doch deren Umsetzung sei radikal. Darauf könne man sich verlassen.

Hält man sich dennoch an staatliche Vorgaben, gilt es, behutsam zwischen den Zeilen zu lesen. Nie sollte man auf sein Recht pochen, denn der Gesetzestext fungiert im Normalleben nur als Zeichen von Servilität. *Wir handeln streng nach dem Gesetz* – während tatsächlich der Korruptus praktiziert wird. *Wir unterzeichnen den Vertrag gemäß den gesetzlichen Vorgaben. Zahlen tun wir aber nach unseren Vorstellungen.* Es ist nicht unüblich, dass Mitarbeiter ein Gesetzbuch in der Schublade haben, das bei jedem Problem oder jeder Fragestellung erst einmal eifrig studiert wird. Diskussionen zwischen Advokaten durchaus angesehener Kanzleien und einem Ihrer Mitarbeiter (der nicht einmal Jura studiert hat) sind an der Tagesordnung und oft sogar konstruktiv. Man bezieht sich auf die Paragraphen, um anschließend den nächsten Winkelzug abzuleiten. So zitiert man bei Beschwerdeeingaben auf dem Amt gerne den einen oder anderen Passus des Gesetzbuchs, um der eigenen Forderung den entscheidenden Nachdruck zu verleihen. Warum sollte man sich anders verhalten, als der Staat es einem vormacht?

In der Wirklichkeit muss man auf Schwingungen eingehen. Dann lässt sich vieles bewegen. Denn das kleinkarierte Befolgen von Regeln liegt den meisten Russen nicht. Im Großen und Ganzen setzt man auf das sinnhafte Gefühl. Schließlich hat sich das konsequente Verfolgen von Logik in der Geschichte als wenig hilfreich erwiesen. Die Gegebenheiten verlangen Intuition, Improvisation, Schläue und mitunter einen explosiven Ausbruch. Dann nämlich, wenn der Moment des Schicksals auftaucht und so die entscheidende Schubkraft entwickelt.

Zur Legitimation des Handelns wird gerne Putin oder gleich die gesamte Obrigkeit in Haftung genommen. Hier liege der Grund allen Übels – während die eigene Verantwortung abgeschoben wird. »Uns zwingt ja das Leben, etwas zu tun«, sagt man gerne. Denn das aufgeklärte Individuum, auf das wir in Europa stolz sind, erscheint in Russland nicht als die überlegene Variante. Zu entmenschlicht. Zu wenig Wärme. Zu rational. Es bleibt bei dem für ausländische Betrachter so typisch erscheinenden kindlichen Verhalten, das schlagartig zur Brutalität werden kann, bei Servilität, die radikal in gnadenlose Härte umschlägt. Veränderungen, so scheint es, sind nur schwer durchzusetzen. Zuviel Phlegma, zuviel Oblomow. So ist auch die Opposition in Russland nach wie vor klein an der Zahl und ständig zerstritten. Vielleicht verständlich in einem Land, in dem Nichtigkeiten eine Lebenskatastrophe auslösen können.

Traurig ist der Erfahrungsschatz vieler Russen, dass das Böse eher zum Erfolg führt als das Gute. Destruktive Witze weisen daraufhin. Auch die sprichwörtliche Härte gehört dazu, die als gerecht und richtig empfunden wird. *Er ist hart, aber gerecht.* Das russische Volk ist auf Abwehr ausgelegt. Leitmotiv qua Naturgesetz ist eine permanent feindliche Außenwelt, gegen die es sich zu verteidigen gilt. Wer versöhnlich auftritt und den Kompromiss sucht, wird gemeinhin als Weichei bezeichnet. Stalin und Hitler werden in einem Atemzug genannt und nicht selten als *Woschd* (positiv konotierter Führer mit Vision) verehrt. Immer wieder wird daher die Notwendigkeit der harten Hand behauptet. Das russische Volk sei eben noch nicht reif und müsse mit Zuckerbrot und Peitsche in die Zukunft geprügelt werden, sagt man. Daher sei Putin im Grunde der Richtige zur richtigen Zeit.

Jurij

Olga lag schon wieder im Krankenhaus – mit acht tiefen Wunden im rechten Oberschenkel. Trotz des Regenschirms, den sie immer als Waffe fest unter dem Arm geklemmt trug, wenn sie das Büro verließ. Es hatte diesmal nicht geholfen.

Jurij und ich sahen das Rudel oft, wenn wir heimfuhren. Es waren sechs, manchmal sogar an die zwölf Hunde. Der Anführer war weiß, die anderen braun. Ihr Territorium war weitläufig, denn sie trieben sich auch in meinem Bezirk herum, an den Wochenenden, wenn die Plätze leer waren und sie in der Sonne dösten.

Wenn Olga keine Hilfe gehabt hätte, wäre es schlecht ausgegangen. Ein Mann war ihr zur Seite geeilt, als sich der Weiße in ihrem Schenkel verbissen hatte. Er schlug mit der Aktentasche auf den Hundeschädel ein, was jedoch die Rudelmitglieder nicht davon abhielt, ebenfalls Olgas schöne Schlägel zu attackieren und ihre Zähne ins zarte Fleisch zu hauen. Erst als eine herbeieilende Fußgängerin ihren frisch gekauften Kohlkopf mit Wucht in die hündische Gruppe schmiss, trollten sich die Angreifer. Olga wartete noch etwa zwei Stunden auf den Krankenwagen, der in Russland *Skoraja Pomotsch*, Schnelle Hilfe, heißt.

Rund 30 000 schwere Verletzungen durch Hundebisse allein in Moskau vermerkte die Moscow Times für das Jahr 2008. Die Stadt weiß, dass sie es mit einem Problem zu tun hat. Doch das städtische Tierschutzgesetz verbietet es, die Streuner zu erschießen. Einfangen wiederum ist zu teuer, erklärte Jurij. *Die behandeln Euch schlechter als die Hunde*, geht es mir durch den Kopf.

Heilige Strolche

Wie wir alle sitzen sie hier, um Geschäfte zu machen. In den Moskauer Edel-Restaurants sind sie kein seltener Anblick. Zwischen britischen, deutschen und italienischen Anzügen: imposante Männer mit schwarzen Kutten, Rauschebart, der orthodoxen Mitra auf dem Kopf, riesige Holzkreuze baumeln vor der Brust. Was fast märchenhaft anmutet, hat so gar nichts mit Don Camillo und Peppone zu tun. Vielmehr handelt es sich um hartgesottene Dealmaker mit Einfluss bis in den Kreml hinein. Auch fehlt den orthodoxen Kirchenmännern der verschmitzte Charme eines Peppone, der so wunderbar lebensnah dilettiert und viel Verständnis für seine irdischen Schäfchen hat. Denn schließlich ist in russischen Kirchenkreisen der Kapitalismus in seiner reinen Form angekommen. Und hat sich da erfolgreich etabliert.

Der russische Staat zieht keine Kirchensteuer ein. Ergo ist die orthodoxe Kirche auf Fundraising angewiesen und muss um Unterstützer werben. Untermauert wird die Spendenfreudigkeit von der orthodoxen Vorstellung vom verwerflichen Eigennutz. Wer wirtschaftlich erfolgreich ist, muss geben. Doch in Russland denkt man in großen

Zusammenhängen. Mit Almosen gibt man sich nicht zufrieden. So beeilte sich die Kirche, in den unruhigen 90er Jahren die entscheidenden Geschäftsgrundlagen zu legen. Die Goldgräberstimmung der Jelzin-Jahre machte es möglich, dass die Kleriker fortan im steuerbegünstigten Ölgeschäft, im Alkohol- und Tabakhandel aktiv waren, Kaviar exportierten und Dollars im Holzhandel machten. Mit wem man verlässliche Geschäfte im post-sowjetischen Russland einfädeln konnte, bekam auch der Westen schnell spitz. Nicht wenige deutsche Topmanager reisten zu konspirativen Treffen mit den geschickten Popen gen Osten. Kapitalisten unter sich. Man witterte gute Geschäfte. Schließlich war man sich nicht unähnlich. Den Kapitalismus hatten die Vertreter der Verwerflichkeit des Eigennutzes eiligst verinnerlicht und – wie ihre Brüder im Vatikan – die Intransparenz zur höchsten Tugend erhoben. So handelten die Kirchenmänner im besten Sinne nach den Gesetzen einer total freien Wirtschaft. Abenteuerliche Geldübergaben an spektakulären Orten, verschworene Bündnisse mit nicht selten ungutem Ausgang und zwielichtiger Beteiligung begründeten ein kirchliches Wirtschaftsimperium. Und bis heute ist nicht nachvollziehbar, inwieweit die großzügigen Spenden dubioser Vereinigungen noch immer fließen. Erst 2005 wurde der Abt des Klosters Dawidowa Pustyn ermordet, da er sich die falschen Gönner für sein kleines Kloster gesucht hatte.

Nutzt die katholische Kirche im Westen beispielsweise soziale Enrichtungen wie Kindergärten, um früh auf das Seelenheil einzuwirken und sich den Zuwachs von Gläubigen zu sichern, so fällt beim russischen Pendant auf, dass man sich mit solch sozialem Kleinkram nicht abgibt. Der russische Erdenwurm ist nicht von vorrangigem Interesse.

Schließlich ist man ja Staatsreligion und verordnet dem Volk, was es zu glauben hat. Zuwiderhandlungen oder Kritik werden strikt beantwortet. So wurde etwa im August 2009 der Journalist Oleg Dementjew von der Diözese in Pskow exkommuniziert, da er »satanische Lügen« in die Welt gesetzt hätte. Nicht genug, sprach man auch noch den Kirchbann über den angeblichen Schmutzfink. Dementjew hatte in einem Artikel mit dem Titel »Ein Wespennest unter Goldenen Domen« die dortigen Männer Gottes der Korruption und Trunksucht bezichtigt und ausgeführt, dass die örtliche Abtei mittels Gewaltandrohung versucht habe, für ein paar Rubel umliegende Grundstücke und Häuser den Bewohnern abzutrotzen.

Wehrhaftigkeit wird auch auf anderen Feldern demonstriert. Die Kirche betreut die Armee, segnet die in den Kampf nach Tschetschenien (und anderswohin) geschickten Soldaten und demonstriert so wahre Vaterlandsliebe. Das von der Verfassung gewährte Recht, den Kriegsdienst zu verweigern, unterstützen die heiligen Männer nicht. Vielmehr fördert man, wie etwa im Kloster des Heiligen Sergius nahe Moskaus, die Erziehung christlicher Krieger. Dort spielt im Keller des Klosters der kirchliche Nachwuchs Sonntag für Sonntag Vaterlandskrieg unter religiöser Aufsicht.

So gebärdet sich die Kirche zunehmend autoritär. Dem neuen Patriarchen Kirill I., den man auch den Tabakmetropoliten nennt, Oberhaupt der russisch-orthodoxen Kirche und damit der neue Patriarch »von Moskau und der ganzen Rus«, unterstehen nach Kirchensicht auch die orthodoxen Christen der Ukraine, Weißrusslands und anderer ehemaliger Sowjetrepubliken sowie der kürzlich wiedervereinahmten ausländischen orthodoxen Kirchen, die sich nach der Oktoberrevolution abgespalten hatten. Kirill bezeichnete flugs im Januar 2009 seinen Wahlsieg auch als Sieg für die Einheit der »Heiligen Rus«. Es sei ein Erfolg, meinte er, dass es nach dem schmerzlichen Verlust der staatlichen Einheit des Gebietes gelungen sei, wenigstens die kirchliche Einheit zu erhalten.

Das Unbehagen vieler Russen, dass das Moskauer Patriarchat sich – wie eh und je – zum Handlanger staatlicher Herrschaftsinteressen macht, scheint nicht ganz unbegründet.

Die russisch-orthodoxe Kirche hat in ihrer Geschichte selten ein besondereres Augenmerk auf ihre Schäfchen gehabt. Weder in puncto Sozialarbeit, noch in der Verkündigung des Evangeliums. Schließlich war sie begründet worden aus Staatsräson – als Integrationselement während der Landnahme der Kiewer Rus. An sich war die Wahl der Orthodoxie als kirchliche Propagandawaffe gut ausgedacht. Als Fürst Wladimir, im 10. Jahrhundert Herrscher über die Kiewer Rus, Späher in allerlei Länder ausschickte, um die geeignete Kirche zur Einigung seiner Untertanen zu finden, kam man zu folgendem Resultat: Der Islam, befand man, war ohne Freude; schließlich erlaubtc er keinen Alkohol. Der Katholizismus: nicht prächtig genug. Aber Konstantinopel: Welch ein Paradies! berichteten die Emmisäre. Hier wusste man nicht, ob man auf Erden oder im Himmel weilte. Die Entscheidung war also schnell gefallen. Man schloss sich in Sachen Religion Byzanz an und gestaltete die Liturgie ganz im Sinne der Mission Wladimirs: Integration der Kultur der verschiedenen Ethnien, die sich seit dem achten Jahrhundert in der Kiewer Rus versammelt hatten. Zudem entwickelte sich der Wunsch, zukünftiger Expansion und Vereinnahmung weiterer Volksgruppen den Boden zu bereiten. Dies ließ es klug erscheinen, ohne Hierarchie und mit viel Emotion zu arbeiten. Und tatsächlich ist die Messe in einer russisch-orthodoxen Kirche eine hoch emotionale Erfahrung. Im Gegensatz zur protestantischen und auch katholischen Kirche erfährt der Sünder im Osten die Gnade durch sich selbst. Sie wird nicht – wie im Westen – von Gott geschenkt, sondern durch immerwiederkehrende Innenschau wird spirituelle Erweckung erreicht. Als Orientierungshilfe dienen Mönche oder Männer mit Heiligenstatus, wie Rasputin einer war. Der Russe betet mit offenen Augen zur Ikone. So nimmt der Gläubige Kontakt auf mit den göttlichen Energien. Keine Hierarchie. Keine Bänke. Und dabei sind die Gesänge von himmlischer Schönheit. Selbst dem hartnäckigsten Atheisten treibt es da eine Träne ins Auge.

Mit dieser religiösen Ausrichtung war ein erster Grund gelegt worden für die Nationenbildung: Die Orthodoxie entpuppte sich als Integrationsideologie. Nach dem Fall von Konstantinopel ergriff Moskau die Gunst der Stunde und deklarierte sich zum direkten Erben von Byzanz und damit zum alleinigen Sachwalter der orthodoxen Religion und ihrer Mission, die christliche Welt zu retten. Moskau – das Dritte Rom. Untermauert wurde der Anspruch durch die Vermählung Iwans III. mit Sofia, der Nichte des letzten byzantinischen Kaisers Konstantin, im Jahre 1472. Von nun an regierte der Zar im Heiligen Russland (*Switaja Rus*). Da war es, das gemeinsame Schicksal, der Humus für eine gemeinsame Nation im Vielvölkerreich. Doch Moskau wurde dem messianischen Anspruch nicht gerecht. Ohne lingua franca, ohne Entgegenkommen in Sachen griechischer Liturgie, konnte Moskau nicht die erstrebte führende Rolle entwickeln. Und so zerfiel die orthodoxe Gemeinschaft wieder in einzelne nationale Kirchen (Serbien, Russland, Griechenland u.a.).

Was blieb, war das Verständnis, Russisch sei gleich orthodox. Wenn Sie heute fragen, wer sich in Russland als orthodoxer Christ bezeichnet, antworten etwa Zweidrittel der gesamten Bevölkerung mit »ja«. Das liegt am Wörtchen »orthodox« und nicht am wirklichen Bekenntnis. Orthodox heißt im Russischen *Prawoslawnyj*, also rechtgläubig, und wurde die letzten zwei Jahrhunderte synonym für *Russkij*, also Russe, verwendet. Noch heute bezeichnet man in der Provinz den Ausländer als Unorthodoxen.

Doch so, wie es der russischen Amtskirche nicht gelang, eine führende Rolle nach Außen, in die orthodoxe Welt hinein zu spielen, gelang es ihr auch im Innenverhältnis nicht, auf Dauer eine einigende Funktion zu übernehmen. Der Grund war einfach: Peter der Große hatte 1721 per Dekret seine Kirche entmachtet. Er unterwarf den Patriarchen dem weltlichen Herrscher und seiner Ideologie. Der regierte von nun an mit dem »Mandat des Himmels«. Die Pflichten der Kirche hießen fortan: Verbreitung der Autorität des Zaren, Verlesen staatlicher Erlasse von der Kanzel, Ausführen von administrativen Angelegenheiten im Namen des Staates, Information der Polizei bei Kenntnis krimineller Vergehen, und zwar auch dann, wenn das Geständnis während der Beichte ans Tageslicht kam. Eine Kirche ohne Land, ohne eigene Geldquellen, degradiert zum Staatsspitzel. Kein Wunder, dass das Volk den Klerikern bald nicht mehr traute. Die Priester mussten sich mit Betteln oder Almosen über Wasser halten und konnten sich nicht um die Verkündigung des Evangeliums kümmern. Weshalb der gemeine Bauer den Mann der Kirche eher als Händler der Sakramente betrachtete denn als spirituellen Mittler. Da stand die Braut eine kleine Ewigkeit vor der Dorfkirche, während der Priester mit ihren Verwandten um noch ein Fläschchen Wodka schacherte.

So bewundert auch heute die Bevölkerung die religiöse Kaste eher in Hinblick auf deren wirtschaftlichen Erfolg und weniger in spiritueller Hinsicht. Man praktiziert Untertanentreue: bekreuzigt sich, hält die Fastentage ein und spendet. Doch in Sinn- und Wertfragen des Daseins traut man den heimischen Popen nicht. Kein Wunder, denn die verwerfen strikt die westliche Auffassung von den Menschenrechten und plädieren für die Unterwerfung des Einzelnen, für Autoritätshörigkeit gegenüber dem Staat. Es scheint ganz so zu sein, dass der Mensch für die Kirche Russlands noch immer nicht von tragender Bedeutung ist.

Eine Atempause für die Seele

Ganze sechs Stunden standen wir jetzt vor dem Fenster zum Kabuff des Bevollmächtigten für die Versendung von Hab und Gut ins Ausland. Und der war seit einer Ewigkeit zum Mittagessen verschwunden. »Russland, das Land der unnützen Formalitäten«, notierte schon Astolphe de Custine 1839, als er durch das Zarenland reiste. »Die Lösung der einen Formalität versichert den Reisenden keinesfalls gegen die nächste (...), und es ist nutzlos, sich zu beschweren. Denn eine Beschwerde wird niemals ankommen.« So blieb auch uns 170 Jahre später nichts anderes, als den Mund zu halten und zu warten.

Einen Vorgeschmack von Allmacht hatten wir schon am Morgen bekommen. »Was, Sie wissen nicht, wieviel jedes einzelne Stück wiegt, das Sie verschicken wollen? Rechnungsbelege? Russisches Kulturgut? Abmessungen? Haben Sie überhaupt eine gültige Meldebestätigung für Moskau? WER SIND SIE ÜBERHAUPT?« Mit dieser Mixtur aus Arroganz und Demütigung hatte der Vertreter der Tintenkleckser uns zurückgelassen. Wäre Lilja nicht gewesen, ich hätte meine paar Habseligkeiten wohl kaum in dieser Nacht noch auf den Weg gebracht. Geduldig füllte sie abermals alle Formulare aus, bemühte sich, in Schönschrift dem Raubvogel hinter der Glasscheibe gerecht zu werden. Denn der war inzwischen von ausgedehntem Speis und Trank zurückgekehrt, klopfte sich auf den Bauch und begann umständlich seine Bleistifte zu sortieren.

De Custine hatte, wie bereits erwähnt, vor gut zwei Generationen Ähnliches erlebt und aufgeschrieben – man könne den Beamten förmlich ansehen, wie gedacht werde: »Macht Platz für mich. Ich bin Mitglied der großmächtigen Staatsmaschinerie.« Der ganze Stolz der Staatsmaschinerie war dick, hässlich und klein, traktierte uns zwei weitere Stunden und rückte dann endlich die ersehnten Stempel raus. Mit den sakralen Schriftstücken bewaffnet, eilten wir durchs Dunkle zur Cargo-Abteilung, von wo aus mein Paket den Weg in die Heimat antreten sollte. Freude stieg in uns auf, wir lachten glücklich, ja sogar Liljas Kopftuch flatterte aufgeregt im Wind.

Die Lösung der einen Formalität versichert den Reisenden keinesfalls gegen die nächste. Und weitere Schikanen hagelten auf uns herab. »Paket öffnen! Papiere!«, dröhnte es. »Können Sie überhaupt beweisen, dass es sich um Ihr Eigentum handelt?«, hakte er listig nach, der nächste Vollstrecker des Staatswillens. Nein, das können wir nicht. Wir können noch nicht einmal das Paket öffnen, da wir kein Teppichmesser dabei haben und der Staats-Terminator vor uns nicht gewillt ist, uns seines zu geben. Er grinst stattdessen. »Sollen wir uns ausziehen?«, zischte ich ironisch zu Lilja. Die jedoch sah nicht das Absurde, sondern den nackten Ernst des Lebens. *Nichtigkeiten können hier Katastrophen auslösen!*

Aus unerfindlichen Gründen wurde es dem verlängerten Arm der Staatsmacht zu langweilig. Er zog sein Teppichmesser aus der Hosentasche, prüfte das Innenleben des

Pakets und begann zu reden. »Oh, Sie haben bei uns im Kurschatow-Institut gearbeitet?« Das klang nach Anerkennung. »Aha und Deutsche«, sein Blick hellte sich auf: »Hat Euer Hitler doch verloren, was?« Flugs schloss er die Paketdeckel und drückte zwei große Stempel in die grüne Tinte und aufs Papier. Dann drehte er sich, senkte die Stimme und sagte fast freundschaftlich: »Wissen Sie, wir müssen so genau kontrollieren. Ihr Ausländer kommt alle rüber zu uns und klaut die Ikonen. Und warum? Weil Ihr in Eurer Demokratie nichts habt. Aber unsere Ikonen, die wollt Ihr alle«, und schenkte mir einen stolzen Blick.

Schon früh hatte Alexander Herzen einen Minderwertigkeitskomplex seines Volkes gegenüber dem Westen ausgemacht: »Unsere Haltung gegenüber Europa und den Europäern ist noch immer die der Provinzler gegenüber den Städtern: Wir sind servil und apologetisch, machen in jedem Unterschied einen Defekt unsererseits aus, erröten über unsere Eigenheiten und versuchen diese zu verstecken.« Russland hat sich tatsächlich immer mit Blick auf das westliche Europa definiert. Entscheidender Gradmesser war dabei die Anerkennung oder Ablehnung durch den Westen. Noch heute können Russen uns Europäer abfällig als unterkühlte, zweckrationale Wesen bezeichnen, um im selben Moment mit Neid auf die Annehmlichkeiten der westlichen Zivilisation zu verweisen. Bipolarität auch in der Werteskala. Der Durchschnittsrusse schimpft gehörig auf die Willkür durch die Obrigkeit, bewundert aber in derselben Sekunde die Großleistungen Stalins. Usus ist es, die deutsche Planungswut mit leuchtenden Augen zu bestaunen und gleichzeitig mit großem Stolz die listige Fähigkeit zum schnellen, auf Schicksal basierenden russischen Geschäft als entschieden vorteilhafter zu rühmen. Disziplin, stoisches und systemisches Arbeiten werden zwar in möglichem Zusammenhang mit den Errungenschaften der europäischen Zivilisation gebracht, im eignen Land jedoch als Zeitverschwendung, ja mitunter als Dummheit belächelt.

Die Ambivalenz hat handfeste historische und geopolitische Gründe. Russland, territorial ein Land, welches das größte Empire der Welt war und gleichzeitig auch bei weitem das labilste, lavierte religiös permanent zwischen zwei oder drei Ökumenen. War ethnisch multikulturell, ohne jedoch eine lebendige Nation ausgebildet zu haben – und manche behaupten gar, die russische Nation sei noch heute ein intellektuelles Konstrukt. Auch ein öffentlicher Wettbewerb, den Präsident Jelzin initiierte, um die nationale Idee zu finden, half nicht weiter. Aus dem Wust von Einsendungen, die von christlich-orthodoxer Orientierung, über sozialistische Ideen, asiatisch-autokratische Ausrichtung bis hin zu nebulösen europäischen Werten reichten, konnte schließlich als gemeinsamer Nenner die Gleichheit aller vor dem Gesetz und die Freiheit des Individuums vor der Staatsmacht identifiziert werden. Der Kreml preiste dann sogleich einen Beitrag aus, der die Demut, den Kollektivismus, Unterwerfung unter die Autorität des Staates und die Vaterlandsliebe pries.

Und tatsächlich, Russland verfügt bis heute nicht über eine nationale Idee, welche die »da oben« und die »da unten« vereinen könnte. Dabei hat der Staat das Individuum immer verachtet. Der russische Mensch wurde beständig gefoltert, unterdrückt, erpresst, gedemütigt. Brutale ideologische 360-Grad-Wendungen inmitten schwerster klimatischer und ökonomischer Bedingungen mussten quer durch die Geschichte erfüllt und bejubelt werden. *Du sollst Russland lieben. Russland liebt dich aber nicht.* Dass sich diese über die Jahrhunderte gespaltene Identität im Charakter in anmaßendem, oft aggressivem Verhalten und dann wieder in Apathie und mitunter depressiver Verstimmung niederschlägt, ist nicht verwunderlich.

Man fragt sich, welche die Errungenschaften Putins sind – außer Zuckerbrot und Peitsche, wie man auch im Westen befriedigt meint. Warum sind große Teile der Bevölkerung zwar nicht begeistert, klingen aber zufrieden, wenn sie auf die Regentschaft Putins angesprochen werden? Viktor Jerofejew hat die Antwort: Es handelt sich um eine Atempause; die russische Seele muss einmal durchatmen. Putins Meisterstück sei der Rückzug ins Private: »Die Staatsmacht hat sich Mühe gegeben, die Freuden des Privatlebens, welche sich den Russen eröffnet haben, nicht nur für die Ablenkung von der Politik, sondern als Stimulus für die staatliche Entwicklung zu nutzen (…). Auf diese Weise sind Bevölkerung, Bürokraten und die Spitze der Staatsmacht durch ein gemeinsames Ziel verbunden – private Prosperität.« Tatsächlich gibt es viele private Freiheiten, und sie werden ausgekostet. Cash ist Trumpf. Das Nachtleben in Moskau lässt sich nur noch mit dem von Tokyo oder New York vergleichen. Schrille, luxuriöse Restaurants, blonde Schönheiten, die einem den Atem rauben, Modemix auf der Straße, Leben in vollen Zügen. Man zeigt wieder gerne, wer man ist. Für Geld kriegst du alles in Russland, sagt man heute. Nur keine Politik. Jerofejew schreibt dazu: »Wir haben die Freiheit eines Privatlebens im Untergrund bekommen. Wir können unseren Kindern praktisch alles Mögliche beibringen, wir können Christen oder Buddhisten aus ihnen machen, je nach Belieben, bisher jedenfalls. Schließlich können wir je nach Geldbeutel nach Italien oder auf die Osterinseln reisen. Das ist es wohl, was man Autoritarismus mit menschlichem Gesicht nennt.«

Autokratie und Rückständigkeit – das sind die Schlagworte, die auch uns im Westen zu Russland einfallen. Doch handelt es sich dabei nicht um einen festgelegten Code, eher um eine Folge geopolitischer Voraussetzungen und historischer Entwicklung. Denn der Tribut, den der Aufbau und das Unterhalten eines multiethnischen Empires forderten, war Autokratie. Die gewaltigen Anstrengungen, die hier nötig waren, forderten dem russischen Volk im wahrsten Sinne des Wortes alles ab. Nationenbildung wurde so zugunsten der Staatsbildung verhindert. »Der Staat schwoll an und das Volk siechte dahin« (Kljutschewskij).

Die Politik des autokratischen Staates blieb – wie schon während der mongolischen Herrschaft – pragmatisch-flexibel. Die Unterwerfung neuer Gebiete, die kulturell, religiös, wirtschaftlich und administrativ weitgehend eigenständig blieben, begleitete die jahrhundertelange Expansion des russischen Reiches. Der Übergang vom ausbeutenden Steppeimperium hin zu einer zivilen Form von Herrschaft ist nur bruchstückhaft gelungen. Mit Blick darauf bezeichnete die russische Intelligenz Zar Nikolaus I. gerne als Dschingis Khan mit Telegraf und später Stalin als Dschingis Khan mit Telefon. Und noch heute funktioniert Wirtschaft und Verwaltung nach dem Steppenprinzip des personalen Beziehungsgeflechts. Noch immer fordert der Staat bedingungslosen Gehorsam. Noch immer gibt es »die da oben« und »die da unten«. Daher ist der Stolz der Russen damals wie heute nicht die Nation, sondern die schiere Größe des Landes und seine militärische Stärke.

Charakteristisch bleibt für das russische Reich in den letzten Jahrhunderten bis heute das Nebeneinander einer agrarischen und einer aristokratischen Gesellschaft, die erstere ausbeutet. Es gab und gibt zwei Russlands, die sich gegenseitig schwächten und schwächen. Zwei weit voneinander entfernte Pole. Das ist die Armee, die Bürokratie, der Kreml auf der einen und das Kollektiv auf der anderen Seite. Beide hatten und haben diametral einander entgegengesetzte Prinzipien. Die Elite ist streng hierarchisch organisiert, Loyalität ist oberstes Prinzip, man ist dem Dienst am Staat verpflichtet (*Kormlenie*); die Masse ist egalitär und regional, verbunden durch gegenseitige Hilfe (*Krugowaja Pomotsch*), oberstes Prinzip ist das Überleben.

In Russland reagiert man auf sein persönliches Schicksal in ganz eigener Weise. Kürzlich wurde das Restaurant *Opritschnik* eröffnet. Der Name des Lokals, das im ehemaligen Moskauer Kaufmannsgebiet liegt, wo Iwan der Schreckliche Wodka für seine Soldateska hat ausschenken lassen, spielt an auf einen unveränderten Status quo. Die *Opritschnina* (*opritsch*, ausnehmen) war jenes legendäre Herrschaftssystem, das »die da oben« legitimierte, »die da unten« zu traktieren. So gleicht aus russischer Sicht, wie Jerofejew sagt, »das Privatleben einem Huhn, das dem Bauern mit dem Messer in der Hand entwischt ist – es hat sich aus der Umklammerung des russischen Staates befreit und erschrocken gackernd irgendwo im Gebüsch verkrochen.«

Jurij

»Jurij, brauchst du Geld?«

»Warum?«

»Deine Schwester ist doch krank.«

»Ach ja. Sie war auf dem großen Fest mit der Lasershow. Die haben das mit der Technik nicht hingekriegt. Die Laserstrahlen haben direkt in die Augen der Leute getroffen. 150 liegen im Krankenhaus.«

»Und deine Schwester?«

»Die ist jetzt blind.«

Ja, ich bin ein Erdenwurm

Ich hatte genug. Verkroch mich zwar nicht im Gebüsch, doch waren mir Misstrauen und das Gefühl der Ohnmacht zur zweiten Haut geworden. Man trotzt – den Elementen und seinen Mitmenschen. Ein unermüdlicher Kampf. Eine einzige Abwehr, die einen auf Dauer aushöhlt.

Schisn, eta sudba, sagt man. Das Leben ist Schicksal. Oder auch: Wir leben nicht. Wir überleben. *My pereschiwjom*. Denn man ist Objekt und nicht Subjekt im eigenen Land. Alles bleibt beim Alten. Man wird gebeutelt von den gelenkten oder auch kollateral-querschlagenden Interessen anderer. Wird permanent gedemütigt, bis man es selbst glaubt: Ja, ich bin ein Erdenwurm.

Der Feind ist ganz einfach in der Übermacht. Das erbarmungslose Klima, Scheinwirklichkeiten, Brutalität der Staatsmacht und schließlich der eigene Mitmensch. Was will man da machen? Selbst der Russe hält es nicht lange aus im eigenen Land.

Die kurzfristigen, mitmenschlichen Freuden, die sich aus den Schlachten, die man gemeinsam schlägt, ergeben, können nicht darüber hinwegtäuschen, dass jeder Morgen die Katastrophe bringen kann. Selbst dort, wo der Champagner fließt, die Glitzerwelt dröhnt, schwingt unablässig die Möglichkeit von Chaos und Schrecken mit. Das Getöse mit Dollars und Euros, langbeinigen Weibern und Kaviar ist das russische Geschrei im Wald. Nicht um die Angst zu betäuben, aber weil man weiß, dass es vielleicht kein Morgen gibt.

Ich jedenfalls beschloss: Auch ich habe ein Recht auf *Wolja!* Zurück nach Europa. Nach Hause. In stiller Bewunderung für alle jene, die zurückbleiben.

Jurij

»Jurij, Du kannst dir morgen frei nehmen. Schließlich ist Sonntag. Ich muss nur kurz in den Verlag und nehm mir dann ein Gypsie.«

»Zum Glück haben wir den Verrückten ja jetzt erwischt.«

»Wen?«

»Den Gypsie, der auf Ihrer Route die Twerskaja runter unterwegs war. Wer ihm sein Geld nicht gegeben hat, den hat er mit der Pumpgun weggeblasen und aus dem Auto geschmissen. Schon fünf Tote. Aber beim letzten Mal haben wir ihn eingefangen.«

»Na dann.«

Christina Eibl
Nicht alle Russen haben Goldzähne,
sind immer betrunken,
und auch nicht jeder russische Beamte ist korrupt.
Ein Überlebensbericht aus dem Herzen Moskaus

Konzept Design
Gottschalk+Ash Int'l

Umschlaggestaltung
Julia Borgwardt, borgwardt design
Motive: penfold,
Dmitriy Osminskiy, istockphoto.com

Foto Christina Eibl
© Burak Isseven

Druck und Bindung
CPI – Clausen & Bosse, Leck

Printed in Germany
Erste Auflage 2011
ISBN 978-3-940888-09-9

weissbooks.com